En las cimas de la desesperación

Contemporánea
Humanidades

EMIL
CIORAN

EN LAS CIMAS DE LA DESESPERACIÓN

Traducción de Rafael Panizo

AUSTRAL

TUSQUETS
EDITORES

PEFC Certificado

El papel de este libro procede de bosques gestionados de forma sostenible

PEFC

PEFC/14-38-00305 www.pefc.es

Título original: *Sur les cimes du désespoir*

Tusquets Editores, S. A. - Av. Diagonal, 662-664. 08034 Barcelona
www.tusquetseditores.com
www.planetadelibros.com

Adaptación de la cubierta: Austral / Área Editorial Grupo Planeta
Ilustración de la cubierta: © Gisela Navarro
Primera edición en Austral: abril de 2026
Segunda impresión: septiembre de 2026

Depósito legal: B. 24.750-2026
ISBN: 978-84-1107-726-2
Impreso en España

Biografía

Pensador heterodoxo y maestro indiscutible del aforismo, Emil Cioran nació en la región rumana de Transilvania en 1911 y falleció en París en 1995. Estudió Filosofía en Bucarest y, tras una corta estancia en Berlín, recaló en 1937 en París, donde se instaló hasta el final de sus días. En 2020, Tusquets Editores inició la exitosa Biblioteca Emil Cioran, con doce volúmenes publicados hasta el momento y en la que destacan títulos como *Cuadernos. 1957-1972* o el inédito *Ventana a la nada*.

Índice

Prefacio

Escribí este libro en 1933, a los veintidós años, en una ciudad que amaba, Sibiu, en Transilvania. Había acabado mis estudios de filosofía y, para engañar a mis padres y engañarme también a mí mismo, fingí trabajar en una tesis sobre Bergson. Debo confesar que en aquella época la jerga filosófica halagaba mi vanidad y me hacía despreciar a toda persona que utilizara el lenguaje normal. Pero una conmoción interior acabó con ello, echando por tierra todos mis proyectos.

El fenómeno capital, el desastre por excelencia es la vigilia ininterrumpida, esa nada sin tregua. Durante horas y horas, en aquella época, me paseaba de noche por las calles desiertas o, a veces, por las que frecuentaban las solitarias profesionales, compañeras ideales en los instantes de supremo desánimo. El insomnio es una lucidez vertiginosa que convertiría el paraíso en un lugar de tortura. Todo es preferible a ese despertar permanente, a esa ausencia criminal del olvido. Fue durante esas noches infernales cuando comprendí la inanidad de la filosofía. Las horas de vigilia son, en el fondo, un interminable rechazo del pensamiento por el pensamiento, son la conciencia exasperada por ella misma, una declaración de guerra, un ultimátum que se da el espíritu a sí mismo. Caminar impide rumiar interrogaciones sin respuesta, mientras que en la cama se cavila sobre lo insoluble hasta el vértigo.

En semejante estado de espíritu concebí este libro, el cual fue para mí una especie de liberación, de explosión saludable. De no haberlo escrito, hubiera, sin duda, puesto fin a mis noches.

EMIL CIORAN

Ser lírico

¿Por qué no podemos permanecer encerrados en nosotros mismos? ¿Por qué buscamos la expresión y la forma intentando vaciarnos de todo contenido, aspirando a organizar un proceso caótico y rebelde? ¿No sería más fecundo abandonarnos a nuestra fluidez interior, sin ningún afán de objetivación, limitándonos a disfrutar de todos nuestros ardores, a gozar de todas nuestras agitaciones íntimas? Experiencias múltiples y diferenciadas se fusionarían así para engendrar una efervescencia extraordinariamente fecunda, semejante a un seísmo o a un paroxismo musical. Hallarse repleto de uno mismo, no en el sentido del orgullo sino de la riqueza interior, estar obsesionado por una infinitud íntima y una tensión extrema: en eso consiste vivir intensamente, hasta sentirse morir de vivir. Tan raro es ese sentimiento, y tan extraño, que deberíamos vivirlo gritando. Yo siento que debería morir de vivir y me pregunto si tiene sentido buscarle una explicación a ese sentimiento. Cuando el pasado del alma palpita en nosotros con una tensión infinita, cuando una presencia total actualiza experiencias soterradas y un ritmo pierde su equilibrio y su uniformidad, entonces la muerte nos arranca de las cimas de la vida, sin que experimentemos ante ella ese terror que nos acompaña cuando nos obsesiona dolorosamente. Sentimiento análogo al que experimentan los amantes cuando, en el súmmum de su dicha, surge ante ellos, fugitiva pero intensamente, la imagen de la muerte, o cuando, en los momentos de incertidumbre, emerge, en un amor naciente, el presentimiento del final o del abandono.

Demasiado raras son las personas que pueden soportar tales experiencias hasta el fin. Siempre es peligroso refrenar una energía explosiva, pues puede llegar el momento en que deje de poseerse la fuerza necesaria para dominarla. El desmoronamiento será originado entonces por una plétora. Existen estados y obsesiones con los que no se puede vivir. La salvación ¿no podría consistir en confesarlos? Conservadas en la conciencia, la experiencia terrible y la obsesión terrorífica por la muerte conducen a la devastación. Hablando de la muerte salvamos algo de nosotros mismos, y sin embargo algo se extingue en el ser. El lirismo representa una fuerza de dispersión de la subjetividad, pues indica en el individuo una efervescencia incoercible que aspira sin cesar a la expresión. Esa necesidad de exteriorización es tanto más urgente cuanto más interior, profundo y concentrado es el lirismo. ¿Por qué el hombre se vuelve lírico durante el sufrimiento y el amor? Porque esos dos estados, a pesar de que son diferentes por su naturaleza y su orientación, surgen de las profundidades del ser, del centro sustancial de la subjetividad, en cierto sentido. Nos volvemos líricos cuando la vida en nuestro interior palpita con un ritmo esencial. Lo que de único y específico poseemos se realiza de una manera tan expresiva que lo individual se eleva al nivel de lo universal. Las experiencias subjetivas más profundas son asimismo las más universales, por la simple razón de que alcanzan el fondo original de la vida. La verdadera interiorización conduce a una universalidad inaccesible para aquellos seres que no sobrepasan lo inesencial y que consideran el lirismo como un fenómeno inferior, como el producto de una inconsistencia espiritual, cuando, en realidad, los recursos líricos de la subjetividad son la prueba de una gran profundidad interior.

Algunas personas son líricas únicamente en los momentos decisivos de su existencia; otras solo en el instante de la agonía, cuando todo el pasado se actualiza y se precipita sobre ellos como un torrente. Pero en la mayoría de los casos la explosión lírica surge tras experiencias esenciales, cuando la agitación del fondo íntimo del ser alcanza su paroxismo. De esa manera, seres propensos a la objetividad y a la impersonalidad, ajenos tanto a sí mismos como a las realidades profundas, cuando se hallan presos del amor, experimentan un sentimiento que moviliza todas sus facultades personales. El hecho de que casi todo el mundo escriba poesía cuando está enamorado demuestra que el pensamiento conceptual no basta para expresar la infinitud interior; solo una materia fluida e irracional es capaz de ofrecer al lirismo una objetivación apropiada. Ignorando tanto lo que ocultamos en nosotros mismos como lo que oculta el mundo, somos súbitamente víctimas de la experiencia del sufrimiento y transportados a una región extraordinariamente compleja, de una vertiginosa subjetividad. El lirismo del sufrimiento lleva a cabo una purificación interior en la cual las llagas no son ya simples manifestaciones externas sin implicaciones profundas, sino que forman parte de la sustancia misma del ser. Existe un canto de la sangre, de la carne y de los nervios. De ahí que casi todas las enfermedades tengan propiedades líricas. Solo quienes perseveran en una insensibilidad escandalosa permanecen indiferentes frente a la enfermedad, la cual produce siempre un ahondamiento íntimo.

Solo se vuelve uno realmente lírico tras un profundo trastorno orgánico. El lirismo accidental procede de causas exteriores y desaparece con ellas. Sin una pizca de locura el lirismo es imposible. Resulta significativo que las psicosis se caractericen en su comienzo por una fase lírica en la que las barreras y los obstáculos se vienen abajo para dar paso a una ebriedad interior de una pasmosa fecundidad. Así se explica la productividad poética de las psicosis nacientes. ¿Sería la locura un paroxismo del lirismo? Pero limitémonos a escribir el elogio del segundo para evitar escribir de nuevo el de la primera. El estado lírico trasciende las formas y los sistemas: una fluidez, un flujo interno mezclan, en un mismo movimiento, como en una convergencia ideal, todos los elementos de la vida del espíritu para crear un ritmo intenso y perfecto. Comparado con el refinamiento de una cultura anquilosada que, prisionera de los límites y de las formas, disfraza todas las cosas, el lirismo es una expresión bárbara: su verdadero valor consiste, precisamente, en no ser más que sangre, sinceridad y llamas.

¡Qué lejos estoy de todo!

Ignoro totalmente por qué hay que hacer algo en esta vida, por qué debemos tener amigos y aspiraciones, esperanzas y sueños. ¿No sería mil veces preferible retirarse del mundo, lejos de todo lo que engendra su tumulto y sus complicaciones? Renunciaríamos así a la cultura y a las ambiciones, perderíamos todo sin obtener nada a cambio; pero ¿qué se puede obtener en este mundo? Para algunos, ninguna ganancia es importante, pues son irremediablemente desgraciados y están irremisiblemente solos. ¡Nos hallamos todos tan cerrados los unos respecto a los otros! Incluso abiertos hasta el punto de recibirlo todo de los demás o de leer en las profundidades del alma, ¿en qué medida seríamos capaces de dilucidar nuestro destino? Solos en la vida, nos preguntamos si la soledad de la agonía no es el símbolo mismo de la existencia humana. Querer vivir y morir en sociedad es una debilidad lamentable: ¿acaso existe consuelo posible en la última hora? Es preferible morir solo y abandonado, sin afectación ni gestos inútiles. Quienes en plena agonía se dominan y se imponen actitudes destinadas a causar impresión, me repugnan. Las lágrimas solo son ardientes en la soledad. Todos aquellos que desean rodearse de amigos en la hora de la muerte lo hacen por temor e incapacidad de afrontar su instante supremo. Intentan, en el momento esencial, olvidar su propia muerte. ¿Por qué no se arman de heroísmo y echan el cerrojo a su puerta para soportar esas temibles sensaciones con una lucidez y un espanto ilimitados?

Aislados, separados del mundo, todo se nos vuelve inaccesible. La muerte más profunda, la verdadera muerte, es la muerte causada por la soledad, cuando hasta la luz se convierte en un principio de muerte. Momentos semejantes nos alejan de la vida, del amor, de las sonrisas, de los amigos —e incluso de la muerte—. Nos preguntamos entonces si existe algo más que la nada del mundo y la nuestra propia.

No poder ya vivir

Hay experiencias a las que no se puede sobrevivir. Experiencias tras las cuales se siente que ya nada puede tener sentido. Después de haber conocido las fronteras de la vida, después de haber vivido con exasperación todo el potencial de esos peligrosos confines, los actos y los gestos cotidianos pierden totalmente su encanto, su seducción. Si se continúa, sin embargo, viviendo, es únicamente gracias a la escritura, la cual alivia, objetivándola, esa tensión sin límites. La creación es una preservación temporal de las garras de la muerte.

Siento que me hallo al borde de la explosión a causa de todo lo que me ofrecen la vida y la perspectiva de la muerte. Siento que muero de soledad, de amor, de odio y de todas las cosas de este mundo. Los hechos que me suceden parecen convertirme en un globo que está a punto de estallar. En esos momentos extremos se realiza en mí una conversión a la Nada. Se dilata uno interiormente hasta la locura, más allá de todas las fronteras, al margen de la luz, allí donde ella es arrancada a la noche; se expande uno hacia una plétora desde la que un torbellino salvaje nos proyecta directamente en el vacío. La vida crea la plenitud y la vacuidad, la exuberancia y la depresión;

¿qué somos nosotros ante el vértigo que nos consume hasta el absurdo? Siento que la vida se resquebraja en mí a causa de un exceso de intensidad, pero también de desequilibrio, como si se tratase de una explosión incontrolable capaz de hacer estallar irremediablemente al propio individuo. En las fronteras de la vida, sentimos que ella se nos escapa, que la subjetividad no es más que una ilusión y que bullen en nosotros fuerzas incontrolables, las cuales rompen todo ritmo definido. ¿Hay algo entonces que no ofrezca la ocasión de morir? Se muere a causa de todo lo que existe y de todo lo que no existe. Lo que se vive se convierte, a partir de ese instante, en un salto en la nada. Y ello sin que hayamos conocido todas las experiencias posibles; basta con haber experimentado lo esencial de ellas. Cuando sentimos que morimos de soledad, de desesperación o de amor, las demás emociones no hacen más que prolongar ese séquito sombrío. La sensación de no poder ya vivir tras semejantes vértigos resulta igualmente de una consunción puramente interior. Las llamas de la vida arden en un horno del que el calor no puede escaparse. Quienes viven sin preocuparse por lo esencial están salvados desde el principio; pero ¿tienen algo que salvar ellos, que no conocen el más mínimo peligro? El paroxismo de las sensaciones, el exceso de interioridad nos conducen hacia una región particularmente peligrosa, dado que una existencia que adquiere una conciencia demasiado viva de sus raíces no puede sino negarse a sí misma. La vida es demasiado limitada, se halla demasiado fragmentada para poder resistir a las grandes tensiones. ¿Acaso todos los místicos no padecieron, tras sus grandes éxtasis, el sentimiento de no poder seguir viviendo? ¿Qué podrían, pues, esperar aún de este mundo aquellos que se sienten más allá de la normalidad, de la vida, de la soledad, de la desesperación y de la muerte?

La pasión por lo absurdo

Nada podría justificar el hecho de vivir. ¿Cómo, habiendo explorado nuestros propios extremos, seguir hablando de argumentos, causas, efectos o consideraciones morales? Es imposible, puesto que no quedan entonces para vivir más que razones carentes de todo fundamento. En el apogeo de la desesperación, solamente la pasión por lo absurdo orna aún el caos con un resplandor demoniaco. Cuando todos los ideales corrientes, sean morales, estéticos, religiosos, sociales o de cualquier otra clase, no logran imprimir a la vida una dirección y una finalidad, ¿cómo preservarla del vacío? La única manera de lograrlo consiste en aferrarse a lo absurdo y a la inutilidad absoluta, a esa nada fundamentalmente inconsistente cuya ficción es susceptible sin embargo de crear la ilusión de la vida.

Vivo porque las montañas no saben reír ni las lombrices cantar. La pasión por lo absurdo nace únicamente en el individuo que lo ha expiado todo pero que es capaz de soportar terribles transfiguraciones futuras. A quien lo ha perdido todo solo le queda esa pasión. ¿Qué podría en adelante seducirle? Algunos responderán que el sacrificio en nombre de la humanidad o del bien público, el culto de lo bello, etc. Yo solo soporto a aquellos seres humanos que han renunciado a experimentar, aunque solo sea provisionalmente, todos esos sueños. Ellos son los únicos que han vivido de manera absoluta, los únicos habilitados para hablar de la vida. Si pueden hallarse de nuevo el amor y la serenidad, ello es posible mediante el heroísmo y no mediante la inconsciencia. Toda existencia que no contenga una gran locura carece de valor. ¿En qué se diferencia una existencia semejante de la de una piedra, un palo o una mala hierba? Lo afirmo con total honestidad: hay que ser objeto de una gran locura para *querer* ser piedra, palo o mala hierba.

Medida del sufrimiento

Hay seres que se hallan condenados a saborear únicamente el veneno de las cosas, seres para quienes toda sorpresa es dolorosa y toda experiencia una nueva tortura. Se dirá que ese sufrimiento tiene razones subjetivas y procede de una constitución particular: pero ¿existe un criterio objetivo para evaluar el sufrimiento? ¿Quién podría certificar que mi vecino sufre más que yo mismo, o que nadie ha sufrido más que el Cristo? El sufrimiento no es objetivamente evaluable, pues no se mide por signos exteriores o trastornos precisos del organismo, sino por la manera que tiene la conciencia de reflejarlo y de sentirlo. Pero, desde ese punto de vista, las jerarquizaciones resultan imposibles. Todo el mundo preservará su propio sufrimiento, que considera absoluto e ilimitado. Incluso tras evocar todos los sufrimientos de este mundo, las más terribles agonías y los suplicios más refinados, las muertes más atroces y los abandonos más dolorosos, todos los apestados, los quemados vivos y las víctimas lentas del hambre, ¿disminuiría por ello nuestro sufrimiento? Nadie podrá consolarse en el momento de su agonía mediante el simple pensamiento de que todos los hombres son mortales, de la misma manera que, enfermos, no podríamos hallar un alivio en el sufrimiento presente o pasado de los demás. En este mundo orgánicamente deficiente y fragmentario, el individuo tiende a elevar su propia existencia al rango de absoluto: todos vivimos como si fuéramos el centro del universo o de la historia. Esforzarse por comprender el sufrimiento ajeno no disminuye en nada el nuestro propio. En este tema, las comparaciones carecen del más mínimo sentido, dado que el sufrimiento es un estado de soledad íntima que nada exterior puede mitigar. Poder sufrir solo es una gran ventaja. ¿Qué sucedería si el rostro humano expresara con fidelidad el sufrimiento interior, si todo el suplicio interno se manifestara en la expresión? ¿Podríamos conversar aún? ¿Podríamos intercambiar palabras sin ocultar nuestro rostro con las manos? La vida sería realmente imposible si la intensidad de nuestros sentimientos pudiera leerse en nuestra cara.

Nadie se atrevería entonces a mirarse en un espejo, pues una imagen grotesca y trágica a la vez mezclaría los contornos de la fisonomía con manchas de sangre, llagas permanentemente abiertas y regueros de lágrimas irreprimibles. Yo experimentaría una voluptuosidad llena de terror observando, en el seno de la confortable y superficial armonía cotidiana, la explosión de un volcán que arroja llamas ardientes como la desesperación. ¡Observar cómo la mínima llaga de nuestro ser se abre irremediablemente para transformarnos por entero en una sangrienta erupción! Solo entonces percibiríamos las ventajas de la soledad, la cual vuelve mudo e inaccesible el sufrimiento. En el estallido del volcán de nuestro ser, ¿bastaría con el veneno acumulado en nosotros para envenenar al mundo entero?

La irrupción del espíritu

La soledad verdadera nos aísla totalmente entre el cielo y la tierra, pues es ahí donde aparece todo el drama de la finitud. Los paseos solitarios —extraordinariamente fecundos y peligrosos a la vez para la vida interior— deben realizarse sin que nada turbe el aislamiento del ser humano en este mundo, es decir, por la noche, a la hora en que ninguna de las distracciones habituales puede ya interesarnos, cuando nuestra visión del mundo emana de la región más profunda del espíritu, de la zona que nos separa de la vida y de su herida. ¡Cuánta soledad necesitamos para poder tener acceso al espíritu! ¡Cuánta muerte necesitamos en la vida, y cuánto fuego interior! Hasta tal punto la soledad niega la vida que el desarrollo del espíritu, producido por desgarramientos íntimos, se vuelve casi insoportable. ¿No es significativo que los seres que se sublevan contra él sean precisamente quienes poseen demasiado espíritu, quienes conocen la gravedad de la enfermedad que afectó a la vida para engendrarlo? Solo los seres sanos hacen apología del espíritu, quienes no han experimentado nunca los tormentos de la vida ni las antinomias sobre las cuales se basa la existencia. Quienes sienten realmente el peso de su propio espíritu lo toleran con orgullo, o lo presentan como si fuera una calamidad. Nadie, sin embargo, está contento en el fondo de sí mismo de semejante adquisición catastrófica para la vida. ¿Cómo, en efecto, se podría estar encantado de esta vida privada de atractivos, de ingenuidad y de espontaneidad? La presencia del espíritu indica siempre una carencia de vida, mucha soledad y un sufrimiento prolongado. ¿Quién hablaba, pues, de la salvación obtenida gracias al espíritu? Es falso pensar que el vivir inmanente sea un vivir ansioso del que el hombre se ha liberado mediante el espíritu. Es mucho más exacto, por el contrario, afirmar que el espíritu ha producido en nosotros desequilibrios y ansiedades, pero también nos ha hecho alcanzar cierta dimensión. Hacer la apología del espíritu es una prueba de inconsciencia, de la misma manera que hacer la apología de la vida es una prueba de desequilibrio. Para una persona normal, la vida es una evidencia; solo el enfermo se complace en ella glorificándola para evitar hundirse. Pero ¿qué será de quien no puede ya glorificar ni la vida ni el espíritu?

Yo y el mundo

El hecho de que yo exista prueba que el mundo no tiene sentido. ¿Qué sentido, en efecto, podría yo hallar en los suplicios de un hombre infinitamente atormentado y desgraciado para quien todo se reduce en última instancia a la nada y para quien el sufrimiento domina el mundo? Que el mundo haya permitido la existencia de un ser humano como yo prueba que las manchas sobre el sol de la vida son tan grandes que acabarán ocultando su luz. La bestialidad de la vida me ha pisoteado y aplastado, me ha cortado las alas en pleno vuelo y me ha negado las alegrías a las que hubiera podido aspirar. Mi ardor desmedido, la loca energía de la que he hecho alarde para brillar en esta vida, el hechizo demoniaco que he padecido para adquirir una aureola futura, y todas mis fuerzas derrochadas para obtener un restablecimiento vital o una aurora íntima, todo ello ha resultado ser más débil que la irracionalidad de este mundo, el cual ha vertido en mí todos sus recursos de negatividad envenenada. La vida no resiste apenas a una alta temperatura. Por eso he comprendido que los hombres más atormentados, aquellos cuya dinámica interior alcanza el paroxismo y que no pueden adaptarse a la apatía habitual, están condenados al hundimiento. En el desarraigo de quienes habitan regiones insólitas hallamos el aspecto demoniaco de la vida, pero también su insignificancia, lo cual explica que ella sea el privilegio de los mediocres. Solo estos viven a una temperatura normal; a los otros les consume un fuego devastador. Yo no puedo aportar nada al mundo, pues mi manera de vivir es única: la de la agonía. ¿Os quejáis de que los seres humanos sean malvados, vindicativos, ingratos o hipócritas? Yo os propongo, por mi parte, el método de la agonía, que os permitirá evitar provisionalmente todos esos defectos. Aplicadlo, pues, a cada generación; los efectos se manifestarán inmediatamente. Quizás así sea yo también útil a la humanidad...

Mediante el látigo, el fuego o el veneno, obligad a todo ser humano a realizar la experiencia de los últimos instantes, para que conozca, en un atroz suplicio, esa gran purificación que es la visión de la muerte. Dejadle luego irse, correr aterrado hasta que se caiga de agotamiento. El resultado será, sin duda alguna, más brillante que el obtenido mediante los métodos normales. ¡Lástima que no pueda yo hacer agonizar al mundo entero para purgar de raíz la vida! La llenaría de llamas tenaces, no para destruirla, sino para inocularle una savia y un calor diferentes. El fuego con el que yo incendiaría el mundo no produciría su ruina, sino una transfiguración cósmica, esencial. De esa manera la vida se acostumbraría a una alta temperatura y dejaría de ser un nido de mediocridad. ¿Quién sabe si incluso la muerte no dejaría, dentro de ese sueño, de ser inmanente a la vida?

(Escrito el 8 de abril de 1933, el día en que cumplo veintidós años. Experimento una extraña sensación al pensar que soy, a mi edad, un especialista de la muerte.)

Agotamiento y agonía

¿Conocéis esa sensación atroz de fundirse, de perder todo vigor para fluir como un arroyo, de sentir que nuestro ser se anula en una extraña licuación como si se hallase vacío de toda sustancia? No estoy hablando de una sensación vaga e indeterminada, sino de una sensación precisa y dolorosa. ¡No sentir ya más que nuestra cabeza, separada del cuerpo y aislada de manera alucinadora! Lejos del agotamiento voluptuoso que se siente contemplando el mar o dejándose invadir por ensueños melancólicos, se trata de un agotamiento que nos consume y nos destruye. Ningún esfuerzo, ninguna esperanza, ninguna ilusión pueden seducirnos ya cuando lo padecemos. Permanecer estupefactos ante nuestra propia catástrofe, incapaces de pensar o de actuar, anonadados por tinieblas glaciales, desorientados como si nos hallásemos sometidos a la influencia de alguna alucinación nocturna o abandonados como en los momentos de remordimiento, significa alcanzar el límite negativo de la vida, la temperatura extrema que aniquilará nuestra última ilusión. En ese sentimiento de agotamiento se manifestará el sentido verdadero de la agonía: lejos de ser un combate quimérico, esta refleja la imagen de la vida que lucha intentando escapar de las garras de la muerte, con muy pocas posibilidades de vencer. ¿La agonía como combate? ¿Un combate contra quién y por qué? Sería cometer un error interpretar la agonía como un impulso al que su propia inutilidad exalta, o como un tormento cuya finalidad se hallase incluida en sí mismo. Fundamentalmente, agonizar significa ser martirizado en la frontera entre la vida y la muerte. Siendo la muerte inmanente a la vida, esta última se convierte, casi en su totalidad, en una agonía. Por lo que a mí respecta, solo llamo instantes de agonía a las fases más dramáticas de esa lucha entre la vida y la muerte, en las cuales se vive la segunda de manera consciente y dolorosa. La agonía verdadera nos hace alcanzar la nada a través de la muerte; la sensación de agotamiento nos consume entonces inmediatamente y la muerte obtiene la victoria. En toda verdadera agonía encontramos ese triunfo de la muerte, y ello incluso si, una vez pasados los instantes de agotamiento, continuamos viviendo.

¿Dónde está, en semejante suplicio, el combate quimérico? ¿No posee la agonía, de todas formas, un carácter definitivo? ¿No se parece a una enfermedad incurable que nos tortura intermitentemente? Los instantes de agonía indican un progreso de la muerte en detrimento de la vida, un drama de la conciencia originado por la ruptura del equilibrio existente entre la vida y la muerte. Esos instantes solo se producen en plena sensación de agotamiento, cuando la vida ha alcanzado su nivel más bajo. Su frecuencia es un índice de podredumbre y de desmoronamiento. La muerte es la única obsesión que no puede volverse voluptuosa: incluso cuando la deseamos, ese deseo va acompañado de un arrepentimiento implícito. Quiero morir, pero lamento quererlo: eso es lo que sienten todos aquellos que se abandonan a la nada. *El sentimiento más perverso que existe es el sentimiento de la muerte.* ¡Y pensar que hay gente a la que la obsesión perversa de la muerte impide dormir! ¡Cuánto me gustaría perder toda conciencia de mí mismo y de este mundo!

Lo grotesco y la desesperación

De todas las formas de lo grotesco, la más extraña, la más complicada me parece aquella cuyo origen se sitúa en la desesperación. Las demás solo aspiran a un paroxismo de segunda mano. Porque ¿existe un paroxismo más profundo, más orgánico que el de la desesperación? Lo grotesco aparece cuando una carencia vital engendra grandes tormentos. Pues ¿acaso no vemos una inclinación desenfrenada a la negatividad en la mutilación bestial y paradójica que deforma los rasgos del rostro para darles una expresividad insólita, en esa mirada llena de sombras y luces lejanas? Intensa e irremediable, la desesperación solo se objetiva en la expresión de lo grotesco. Este representa, en efecto, la negación absoluta de la serenidad, ese estado de pureza, de transparencia y de lucidez que se halla en los antípodas de la desesperación, la cual solo genera nada y caos.

¿Habéis experimentado alguna vez la monstruosa satisfacción de mirarse en un espejo después de haber pasado innumerables noches en vela? ¿Habéis soportado la tortura de los insomnios en los que se percibe cada instante de la noche, en los que estamos solos en el mundo y sentimos que vivimos el drama esencial de la historia; esos instantes en los que ni siquiera ella tiene ya la más mínima significación y deja de existir para nosotros, pues notamos que se elevan en nuestro interior llamas terribles; esos momentos en los que nuestra propia existencia nos parece ser la única en un mundo nacido para vernos agonizar?, ¿habéis experimentado esos innumerables instantes, infinitos como el sufrimiento, en los que el espejo refleja la imagen misma de lo grotesco? En él aparece una tensión final, a la cual se asocia una palidez de encanto demoniaco, la palidez de quien acaba de atravesar el abismo de las tinieblas. ¿Esa imagen grotesca no surge, en efecto, como la expresión de una desesperación con aspecto de abismo? ¿No evoca el vértigo abisal de las grandes profundidades la llamada de una infinitud abierta dispuesta a devorarnos y a la cual nos sometemos como a una fatalidad? ¡Qué agradable sería poder morir arrojándose al vacío absoluto! La complejidad de lo grotesco reside en su capacidad de expresar una infinitud interior, así como un paroxismo extremo. ¿Cómo podría este, pues, objetivarlo con contornos claros y netos? Lo grotesco niega esencialmente lo clásico, de la misma manera que niega toda idea de armonía o de perfección estilística.

Que lo grotesco oculte con mucha frecuencia tragedias que no se expresan directamente es una evidencia para quien conoce las formas múltiples del drama íntimo. Todo aquel que haya visto su rostro en su hipóstasis grotesca no podrá volver a mirarse, pues siempre se tendrá miedo a sí mismo. A la desesperación sucede una inquietud llena de tormentos. ¿Qué hace, pues, lo grotesco, sino actualizar e intensificar el miedo y la inquietud?

El presentimiento de la locura

Nunca comprenderán los seres humanos por qué algunos de ellos son condenados a la locura, por qué existe esa fatalidad inexorable que es la entrada en el caos, en el cual la lucidez no puede durar más que el relámpago. Las páginas más inspiradas, aquellas de las que emana un lirismo absoluto, esas páginas en las que se siente uno abandonado a una exaltación, a una ebriedad total del ser, solo pueden escribirse en un estado de tensión tal que todo regreso al equilibrio resulta tras él ilusorio. De ese estado no se puede salir indemne: el resorte íntimo del ser se ha roto, las barreras interiores se han desmoronado. El presentimiento de la locura se produce únicamente tras experiencias capitales. Creemos entonces haber alcanzado alturas vertiginosas, en las cuales vacilamos, perdemos el equilibrio y la percepción normal de lo concreto y de lo inmediato. Un gran peso parece aplastar el cerebro como para reducirlo a una simple ilusión, y sin embargo es esa una de las pocas sensaciones que nos revelan, justamente, la horrible realidad orgánica de la que nuestras experiencias proceden. Bajo esa presión, que intenta golpearnos contra la tierra y hacernos estallar, surge el miedo, un miedo cuyos componentes son difíciles de definir. No se trata del miedo a la muerte, que se apodera del ser humano para dominarlo hasta asfixiarlo; no es un miedo que se insinúa en el ritmo de nuestro ser para paralizar el proceso de la vida que se lleva a cabo en nosotros, es un miedo que atraviesan relámpagos poco frecuentes pero intensos, como un trastorno soportado que elimina para siempre toda posibilidad de equilibrio futuro. Es imposible delimitar este extraño presentimiento de la locura. Su aspecto aterrador proviene de que percibimos en él una disipación total, una pérdida irremediable para nuestra vida. Sin dejar de respirar y alimentarme, yo he perdido todo lo que nunca pude añadir a mis funciones biológicas. Pero esa no es más que una muerte aproximativa. La locura nos hace perder nuestra especificidad, todo lo que nos individualiza en el universo, nuestra perspectiva propia, el cariz particular de nuestro espíritu. La muerte también nos hace perderlo todo, con la diferencia de que la pérdida es en ella el resultado de una proyección en la nada. De ahí que, aunque persistente y esencial, el miedo a la muerte sea menos extraño que el miedo a la locura, en la cual nuestra semipresencia es un factor de inquietud mucho más complejo que el terror orgánico a la ausencia total experimentado ante la nada. ¿No sería acaso la locura una manera de evitar las miserias de la vida? Esta pregunta solo se justifica teóricamente, dado que, en la práctica, quien es víctima de ciertas ansiedades considera el problema de modo diferente. El presentimiento de la locura va acompañado del miedo a la lucidez durante la locura, el miedo a los momentos de regreso a uno mismo, en los que la intuición del desastre podría engendrar una locura aún mayor. De ahí que no exista salvación a través de la locura. Deseamos el caos, pero tememos sus revelaciones.

Toda forma de locura es tributaria del temperamento y de la condición orgánicos. Como la mayoría de los locos se reclutan entre los depresivos, la depresión es fatalmente más abundante que la exaltación alegre y desbordante. La melancolía profunda es tan frecuente en ellos que casi todos padecen tendencias suicidas. ¡Qué difícil solución es el suicidio cuando no se está loco!

Me gustaría perder el juicio con una sola condición: tener la certeza de ser un loco jovial, sin problemas ni obsesiones, jocoso durante todo el día. A pesar de mi deseo vehemente de éxtasis luminosos, si estuviese loco no los desearía, dado que tras ellos siempre se producen depresiones. Por el contrario, me gustaría que un manantial de luz brotase de mí para transfigurar el universo, un manantial que, lejos de la tensión del éxtasis, conservara la calma de una eternidad luminosa, que tuviera la ligereza de la gracia y el calor de una sonrisa. Quisiera que el mundo entero flotase en ese sueño de claridad, en ese encantamiento transparente e inmaterial. Que no hubiese ya obstáculos ni materia, forma o confines. Y que en ese paraíso yo muriese de luz.

Sobre la muerte

Algunos problemas, cuando los meditamos, nos aíslan en la vida, nos destruyen incluso: no tenemos entonces ya nada que perder, ni nada que ganar. La aventura espiritual o el impulso indefinido hacia las formas múltiples de la vida, la tentación de una realidad inaccesible, no son más que simples manifestaciones de una sensibilidad exuberante, carente de la seriedad que caracteriza a quien se plantea interrogaciones vertiginosas. No me refiero a la gravedad superficial de aquellos que son considerados personas serias, sino a una tensión cuya locura exacerbada nos eleva, en cualquier momento, al nivel de la eternidad. Vivir en la historia pierde entonces todo significado, pues el instante es sentido tan intensamente que el tiempo se eclipsa ante la eternidad. Algunos problemas puramente formales, por muy difíciles que sean, no exigen en absoluto una seriedad infinita, puesto que, lejos de surgir de las profundidades de nuestro ser, son únicamente producto de las incertidumbres de la inteligencia. Solo el pensador visceral es capaz de ese tipo de seriedad, en la medida en que para él las verdades provienen de un suplicio interior más que de una especulación gratuita. Al ser que piensa por el placer de pensar se opone aquel que piensa bajo el efecto de un desequilibrio vital. Me gusta el pensamiento que conserva un sabor de sangre y de carne, y a la abstracción vacía prefiero con mucho una reflexión que proceda de un arrebato sensual o de un desmoronamiento nervioso. Los seres humanos no han comprendido todavía que la época de los entusiasmos superficiales está superada, y que un grito de desesperación es mucho más revelador que la argucia más sutil, que una lágrima tiene un origen más profundo que una sonrisa. ¿Por qué nos negamos a aceptar el valor exclusivo de las verdades vivas que emanan de nosotros mismos? Solo se comprende la muerte si se siente la vida como una agonía prolongada, en la cual la vida y la muerte se hallan mezcladas.

Los seres que gozan de buena salud no poseen ni la experiencia de la agonía ni la sensación de la muerte. Su vida se desarrolla como si tuviera un carácter definitivo. Es característico de las personas normales considerar la muerte como algo que procede del exterior, y no como una fatalidad inherente al ser. Una de las mayores ilusiones que existen consiste en olvidar que la vida se halla cautiva de la muerte. Las revelaciones de orden metafísico comienzan únicamente cuando el equilibrio superficial del hombre empieza a vacilar y la espontaneidad ingenua es sustituida entonces por un tormento profundo.

El hecho de que la sensación de la muerte solo aparezca cuando la vida es trastornada en sus profundidades prueba de una manera evidente la inmanencia de la muerte en la vida. El examen de las profundidades de esta muestra hasta qué punto es ilusoria la creencia en una pureza vital, y qué justificada está la convicción de que el carácter demoniaco de la vida implica un sustrato metafísico.

Siendo la muerte inmanente a la vida, ¿por qué la conciencia de la muerte hace imposible el hecho de vivir? La existencia normal del hombre no es en absoluto turbada por ella, pues el proceso de entrada en la muerte sucede inocentemente mediante un ocaso de la intensidad vital. Para esa clase de seres humanos normales solo existe la agonía última, y no la agonía duradera, inseparable de las primicias de lo vital. Profundamente, cada paso en la vida es un paso en la muerte, y el recuerdo una evocación de la nada. Desprovisto de sentido metafísico, el hombre ordinario no es consciente de la entrada progresiva en la muerte, a pesar de que tampoco él escapa a un destino inexorable. Cuando la conciencia se ha desapegado de la vida, la revelación de la muerte es tan intensa que destruye toda ingenuidad, todo arrebato de alegría y toda voluptuosidad natural. Hay una perversión, una degradación inigualada en la conciencia de la muerte. La cándida poesía de la vida y sus encantos parecen entonces vacíos de todo contenido, al igual que las tesis finalistas y las ilusiones teológicas.

Poseer la conciencia de una larga agonía equivale a arrancar la experiencia individual de su ámbito natural para desenmascarar su nulidad y su insignificancia, es atentar contra las raíces irracionales de la propia vida. Ver cómo la muerte se extiende, verla destruir un árbol e insinuarse en el sueño, ajar una flor o acabar con una civilización, nos conduce más allá de las lágrimas y de las decepciones, más allá de toda forma o categoría. Quien nunca ha experimentado el sentimiento de esa terrible agonía en la que la muerte nos invade como un aflujo de sangre, como una fuerza incontrolable que nos ahoga o nos estrangula, provocando alucinaciones horrorosas, ignora el carácter demoniaco de la vida y las efervescencias interiores creadoras de grandes transfiguraciones. Solo esa sombría ebriedad puede explicar por qué deseamos tan ardientemente el fin de este mundo. No es en absoluto la ebriedad luminosa del éxtasis en la que, subyugados por visiones paradisiacas, nos elevamos hacia una esfera de pureza en la cual lo vital se sublima para volverse inmaterial. Un suplicio loco, peligroso y destructor caracteriza la tétrica ebriedad, en la que la muerte aparece engalanada con los encantos de pesadilla que poseen los ojos de serpiente. Semejantes visiones nos unen a la esencia de lo real: entonces las ilusiones de la vida y de la muerte se desenmascaran. Una agonía exaltada amalgamará, en un terrible vértigo, la vida con la muerte, mientras que un satanismo bestial adoptará las lágrimas de la voluptuosidad. La vida como agonía prolongada y camino hacia la muerte no es sino una versión suplementaria de la dialéctica demoniaca que la obliga a engendrar formas que ella destruye. La multiplicidad de las formas vitales engendra una dinámica demente en la que únicamente se reconoce el diabolismo del devenir y de la destrucción. La irracionalidad de la vida se manifiesta en ese desbordamiento de formas y de contenidos, en esa frenética tentación de renovar los aspectos desgastados. Una especie de felicidad podría obtener quien se entregara a ese devenir, dedicándose, más allá de toda problemática torturadora, a saborear todas las potencialidades del instante, sin la perpetua confrontación reveladora de una relatividad insuperable. La experiencia de la ingenuidad es la única posibilidad de salvación. Pero, para aquellos que sienten la vida como una larga agonía, la cuestión de la salvación no es más que una cuestión.

La revelación de la inmanencia de la muerte se lleva a cabo, en general, gracias a la enfermedad y a los estados depresivos. Existen otros caminos para lograrla, pero son estrictamente accidentales e individuales: su capacidad de revelación es mucho menor.

Si las enfermedades tienen una misión filosófica, esta solo puede consistir en mostrar lo frágil que es el sueño de una vida realizada. La enfermedad convierte la muerte en algo siempre presente; los sufrimientos nos vinculan a realidades metafísicas que una persona normal y con buena salud no comprenderá nunca. Los jóvenes hablan de la muerte como de un acontecimiento exterior; en cuanto son víctimas de la enfermedad, pierden, sin embargo, todas las ilusiones de la juventud. Es evidente que las únicas experiencias auténticas son las producidas por la enfermedad. Todas las demás llevan fatalmente el sello de lo libresco, puesto que un equilibrio orgánico no permite más que estados sugeridos cuya complejidad procede de una imaginación exaltada. Solo los verdaderos enfermos son capaces de una seriedad auténtica. Los demás están dispuestos a renunciar, en lo más íntimo de sí mismos, a las revelaciones metafísicas procedentes de la desesperación y de la agonía a cambio de un amor cándido o una voluptuosa inconsciencia.

Toda enfermedad implica heroísmo, un heroísmo de la resistencia y no de la conquista, que se manifiesta a través de la voluntad de mantenerse en las posiciones perdidas de la vida. Esas posiciones se hallan irremediablemente perdidas tanto para aquellos a los que la enfermedad afecta de manera fisiológica como para quienes soportan estados depresivos tan frecuentes que acaban determinando el carácter constitutivo de su ser. Esta es la razón por la cual las interpretaciones corrientes no encuentran ninguna justificación profunda del miedo a la muerte manifestado por ciertos depresivos. ¿Cómo es posible que en medio de una vitalidad a veces desbordante aparezca el miedo a la muerte o, al menos, el problema que ella plantea? La respuesta a esta pregunta hay que buscarla en la estructura misma de los estados depresivos: en ellos, cuando el abismo que nos separa del mundo va aumentando, el ser humano se observa a sí mismo y descubre la muerte en su propia subjetividad. Un proceso de interiorización atraviesa, una tras otra, todas las formas sociales que envuelven el núcleo de la subjetividad. Una vez alcanzado y sobrepasado ese núcleo, la interiorización, progresiva y paroxística, revela una región en la que la vida y la muerte se hallan indisolublemente unidas.

En el depresivo, el sentimiento de la inmanencia de la muerte se añade a la depresión para crear un clima de inquietud constante del que la paz y el equilibrio son definitivamente desterrados.

La irrupción de la muerte en la estructura misma de la vida introduce implícitamente la nada en la elaboración del ser. De la misma manera que la muerte es inconcebible sin la nada, la vida es inconcebible sin un principio de negatividad. La implicación de la nada en la idea de la muerte se lee en el miedo que se le tiene a esta, el cual no es más que el miedo al Vacío. La inmanencia de la muerte revela el triunfo definitivo de la nada sobre la vida, probando así que la muerte solo existe para actualizar progresivamente el camino hacia la nada.

El desenlace de esta inmensa tragedia que es la vida —la del ser humano en particular— mostrará qué ilusoria es la fe en la eternidad de la vida; pero también que el sentimiento ingenuo de la eternidad constituye la única posibilidad de sosiego para el hombre histórico.

Todo se reduce, de hecho, al miedo a la muerte. Cuando vemos una serie de formas diferentes de miedo, no se trata en realidad más que de diferentes aspectos de una misma reacción ante una realidad fundamental; todos los temores individuales se hallan vinculados, mediante oscuras correspondencias, a ese miedo esencial. Quienes intentan liberarse de él utilizando razonamientos artificiales se equivocan, dado que es rigurosamente imposible anular un temor visceral mediante construcciones abstractas. Todo individuo que se plantea seriamente el problema de la muerte no puede evitar el miedo. Y es el temor el que guía a los adeptos de la creencia en la inmortalidad. El hombre realiza un doloroso esfuerzo para salvar —incluso cuando no existe ninguna certeza— el mundo de los valores con los que vive y a los cuales ha contribuido, una tentativa de vencer el vacío de la dimensión temporal a fin de realizar lo universal. Ante la muerte, dejando aparte toda fe religiosa, no subsiste nada de lo que el mundo piensa haber creado para la eternidad. Las formas y las categorías abstractas aparecen ante ella como insignificantes, mientras que su pretensión de universalidad se vuelve ilusoria frente al proceso de aniquilación irremediable. Nunca una forma o una categoría podrán aprehender la existencia en su estructura esencial, como tampoco podrán comprender el sentido profundo de la vida ni de la muerte. ¿Qué podrían, pues, oponer a estas el idealismo o el racionalismo? Nada. Las demás concepciones o doctrinas no nos enseñan tampoco *casi* nada sobre la muerte. La única actitud pertinente sería el silencio o un grito de desesperación.

Quienes pretenden que el miedo a la muerte no tiene ninguna justificación profunda en la medida en que la muerte no puede coexistir con el yo, dado que este desaparece al mismo tiempo que el individuo, olvidan el extraño fenómeno que es la agonía progresiva.

En efecto, ¿qué alivio podría aportar la distinción artificial entre el yo y la muerte a quien siente la muerte con una intensidad real? ¿Qué sentido puede tener una sutilidad lógica o una argumentación para el individuo víctima de la obsesión de lo irremediable? Toda tentativa de considerar los problemas existenciales desde el punto de vista lógico está condenada al fracaso. Los filósofos son demasiado orgullosos para confesar su miedo a la muerte, y demasiado presuntuosos para reconocer que la enfermedad posee una fecundidad espiritual. Hay en sus consideraciones sobre la muerte una serenidad fingida: son ellos, en realidad, quienes más tiemblan ante ella. Pero no olvidemos que la filosofía es el arte de disimular los tormentos y los suplicios propios.

El sentimiento de lo irreparable que acompaña siempre a la conciencia y a la sensación de la agonía puede hacer comprender como máximo un consentimiento doloroso teñido de miedo, pero en ningún caso un amor o una simpatía ordinarios por el fenómeno de la muerte. El arte de morir no se aprende, puesto que no posee ninguna regla, ninguna técnica, ninguna norma. El individuo siente en su ser mismo el carácter irremediable de la agonía, en medio de sufrimientos y de tensiones ilimitados. La mayoría de los seres no son conscientes de la lenta agonía que se produce en ellos; solo conocen la que precede al tránsito definitivo hacia la nada. Piensan que únicamente esa agonía última produce importantes revelaciones sobre la existencia. En lugar de aprehender el significado de una agonía lenta y reveladora, lo esperan todo del final. Pero el final no les revelará gran cosa: se extinguirán tan perplejos como han vivido.

Que la agonía se desarrolle en el tiempo prueba que la temporalidad no es solo la condición de la creación, sino también la de la muerte, la de ese fenómeno dramático que es el morir. Volvemos a encontrar aquí el carácter demoniaco del tiempo, que atañe tanto al nacimiento como a la muerte, a la creación y a la destrucción, sin que pueda percibirse sin embargo en el seno de ese engranaje ninguna convergencia hacia una trascendencia.

El diabolismo del tiempo favorece el sentimiento de lo irremediable, que se impone a nosotros oponiéndose a la vez a nuestras tendencias más íntimas. Estar persuadido de no poder escapar a un destino amargo, hallarse sometido a la fatalidad, tener la certeza de que el tiempo se ensañará siempre con actualizar el trágico proceso de la destrucción, son expresiones de lo Implacable. ¿No constituiría la nada en ese caso la salvación? Pero ¿qué salvación puede haber en el vacío? Siendo casi imposible en la existencia, ¿cómo podría realizarse la salvación fuera de ella?

Y puesto que no hay salvación ni en la existencia ni en la nada, ¡que revienten entonces este mundo y sus leyes eternas!

La melancolía

Todo estado de ánimo tiende a adaptarse a un ámbito que corresponda a su condición, o, si no, a transformarlo en una visión adaptada a su propia naturaleza. Porque en todos los estados profundos existe una correspondencia íntima entre los niveles subjetivo y objetivo. Sería absurdo concebir un entusiasmo desenfrenado en un ambiente anodino y obtuso; en el caso de que, a pesar de todo, se produjera, sería a causa de una plenitud excesiva capaz de subjetivar el ámbito entero. Los ojos del ser humano ven en el exterior lo que, en realidad, es una tortura interior. Y ello a causa de una proyección subjetiva, sin la cual los estados de ánimo y las experiencias intensas no pueden realizarse plenamente. El éxtasis no es nunca un fenómeno meramente interno, el éxtasis transfiere al exterior la ebriedad luminosa del interior. Basta mirar el rostro de un místico para comprender enteramente su tensión espiritual.

¿Por qué la melancolía exige una infinitud exterior? Porque su estructura implica una dilatación, un vacío, cuyas fronteras no es posible establecer. La superación de los límites puede realizarse de manera positiva o negativa. El entusiasmo, la exuberancia, la ira, etc., son estados de desahogo cuya intensidad destruye toda barrera y rompe el equilibrio habitual —un impulso positivo de la vida que es el resultado de un suplemento de vitalidad y de una expansión orgánica—. Cuando la vida sobrepasa sus condiciones normales, no lo hace para negarse a sí misma, sino para liberar energías latentes que correrían el peligro de explotar. Todo estado extremo es una emanación de la vida a través de la cual esta se defiende contra sí misma. El desbordamiento de los límites producido por estados negativos, por su parte, tiene otro sentido completamente diferente: no procede de la plenitud, sino, por el contrario, de un vacío cuyos límites resultan indefinibles, y ello tanto más cuanto que el vacío parece surgir de las profundidades del ser para extenderse progresivamente como una gangrena. Es un proceso de disminución más que de crecimiento; siendo lo contrario de la expansión en la existencia, constituye un retorno hacia la vacuidad.

La sensación de vacío y de proximidad de la Nada —sensación presente en la melancolía— posee un origen más profundo aún: una fatiga característica de los estados negativos.

La fatiga separa al ser humano del mundo y de todas las cosas. El ritmo intenso de la vida se reduce, las pulsaciones viscerales y la actividad interior pierden parte de esa tensión que singulariza a la vida en el mundo y que hace de ella un momento inmanente de la existencia. La fatiga representa la primera causa orgánica del saber, pues ella produce las condiciones indispensables para una diferenciación del ser humano en el mundo: a través de ella se alcanza esa perspectiva singular que sitúa el mundo ante el hombre. La fatiga nos hace vivir por debajo del nivel normal de la vida y no nos concede más que un presentimiento de las tensiones vitales. Los orígenes de la melancolía se encuentran, por consiguiente, en una región en la que la vida es vacilante y problemática. Así se explican la fertilidad de la melancolía para el saber y su esterilidad para la vida.

Si en las experiencias corrientes domina la intimidad ingenua con los aspectos individuales de la existencia, la separación respecto a ellos engendra, en la melancolía, un sentimiento vago del mundo, junto con la sensación de la vaguedad de este mundo. Una experiencia secreta, una extraña visión anulan las formas consistentes y los yugos individuales y diferenciados, para sustituirlos por un hábito de una transparencia inmaterial y universal. El desapego progresivo de todo lo que es concreto e individualizado nos eleva a una visión total, que gana en extensión lo que pierde en precisión. No existe estado melancólico sin esta ascensión, sin una expansión hacia las cimas, sin una elevación por encima del mundo. Lejos de la producida por el orgullo o el desprecio, por la desesperación o la inclinación desenfrenada hacia la negatividad, la engendrada por la melancolía es el resultado de una larga reflexión y de un ensueño vaporoso nacidos de la fatiga. Si el hombre en estado de melancolía se halla inspirado, no es para gozar del mundo, sino para estar solo. ¿Qué sentido adquiere la soledad en la melancolía? ¿No está acaso vinculada al sentimiento de lo infinito, tanto interior como exterior? La mirada melancólica permanece inexpresiva mientras sea concebida sin la perspectiva de lo ilimitado. Lo ilimitado y la vaguedad interiores, que no deben confundirse con la infinitud fecunda del amor, exigen imperiosamente una extensión cuyos límites sean inaccesibles. La melancolía implica un estado vago, sin ninguna intención determinada. Las experiencias corrientes necesitan objetos palpables y formas cristalizadas. El contacto con la vida se realiza, en ese caso, a través de lo individual, un contacto íntimo y seguro.

El desapego hacia la existencia y el abandono de sí mismo a lo ilimitado elevan al ser humano para arrancarlo de su ambiente natural. La perspectiva de lo infinito le deja solo en el mundo. Cuanto más aguda es la conciencia que tiene de la infinitud del mundo, más se intensifica el sentimiento de su propia finitud. Si en ciertos estados esa conciencia deprime y tortura, en la melancolía se vuelve mucho menos dolorosa gracias a una sublimación que hace de la soledad y el abandono estados menos penosos, y a veces, incluso, les confiere un carácter voluptuoso.

La desproporción entre la infinitud del mundo y la finitud del ser humano es un motivo grave de desesperación; sin embargo, cuando se la considera desde una perspectiva onírica —como en los estados melancólicos— deja de ser torturadora, pues el mundo adquiere una belleza extraña y enfermiza. El sentido profundo de la soledad implica una suspensión del hombre en la vida —un hombre atormentado, en su aislamiento, por el pensamiento de la muerte—. Vivir solo significa no pedirle ya nada a la vida, no esperar ya nada de ella. La muerte es la única sorpresa de la soledad. Los grandes solitarios no se aislaron nunca con el fin de prepararse para la vida, sino, por el contrario, para esperar, resignados, su desenlace. Imposible traer de los desiertos y de las grutas un mensaje para la vida. ¿Acaso no condena esta, en efecto, a todas las religiones cuyos orígenes se sitúan en ellos? ¿No hay acaso en las iluminaciones y las transfiguraciones de los grandes solitarios una visión del final y del hundimiento, opuesta a toda idea de aureola y de resplandor?

El significado de la soledad de los melancólicos, mucho menos profunda, llega a adoptar, en ciertos casos, un carácter estético. ¿No se habla de melancolía dulce y voluptuosa? La propia actitud melancólica, por su pasividad y su desapego, ¿no está teñida de esteticismo?

La actitud del esteta frente a la vida se caracteriza por una pasividad contemplativa que goza de lo real según las exigencias de la subjetividad, sin normas ni criterios, y que convierte al mundo en un espectáculo al que el ser humano asiste pasivamente. La concepción «espectacular» de la vida elimina lo trágico y las antinomias inmanentes a la existencia, las cuales, una vez reconocidas y experimentadas, nos hacen aprehender, en un doloroso vértigo, el drama del mundo. La experiencia de lo trágico supone una tensión inconcebible para un diletante, pues nuestro ser se implica en ella total y decisivamente, hasta el punto de que cada instante deja de ser una impresión para convertirse en un destino. Presente en todo estado estético, el ensueño no constituye el elemento central de lo trágico. Ahora bien, lo que de estético hay en la melancolía se manifiesta precisamente en la tendencia al ensueño, a la pasividad y al encanto voluptuoso. Sus aspectos multiformes nos impiden, sin embargo, considerar íntegramente la melancolía como un estado estético. ¿Acaso no es muy frecuente en su forma sombría?

Pero ¿qué es, en primer lugar, la melancolía suave? ¿Quién no conoce la extraña sensación de placer que se experimenta en las tardes de verano, cuando nos abandonamos a nuestros sentidos olvidando toda problemática definida y el sentimiento de una eternidad serena procura al alma un sosiego extraordinario? Parece entonces que todas las preocupaciones de este mundo y las incertidumbres espirituales son reducidas al silencio, como ante un espectáculo de una belleza excepcional cuyos encantos volverían todo problema inútil. Más allá de la agitación, de la confusión y de la efervescencia, un ánimo tranquilo saborea, con una voluptuosidad reservada, todo el esplendor del ambiente. Entre los elementos esenciales de los estados melancólicos figuran la tranquilidad, la ausencia de una intensidad particular. La nostalgia, parte integrante de la melancolía, explica también esa ausencia de intensidad específica. Si a veces la nostalgia persiste, nunca tiene, sin embargo, suficiente intensidad para provocar un sufrimiento profundo. La actualización de algunos acontecimientos o inclinaciones pasadas, la adición a nuestra afectividad presente de elementos ya inactivos, la relación existente entre la tonalidad afectiva de las sensaciones y el ámbito en el que se produjeron y que abandonaron luego, todo ello es esencialmente determinado por la melancolía. La nostalgia expresa en un nivel afectivo un fenómeno profundo: el progreso hacia la muerte mediante el hecho de vivir. Siento nostalgia de lo que ha muerto en mí, de la parte muerta de mí mismo. No actualizo más que el espectro de realidades y de experiencias pasadas, pero ello basta para mostrar la importancia de la parte difunta. La nostalgia revela el significado demoniaco del tiempo, el cual, a través de las transformaciones que realiza en nosotros, provoca implícitamente nuestra aniquilación.

La nostalgia vuelve al ser humano melancólico sin paralizarlo, sin hacer fracasar sus aspiraciones, pues la conciencia de lo irreparable que supone no se aplica más que al pasado, y el porvenir permanece, en cierta manera, abierto. La melancolía no es un estado de gravedad rigurosa, provocada por una afección orgánica, pues en ella no se experimenta esa terrible sensación de irreparabilidad que domina la existencia entera y que se encuentra en algunos casos de tristeza profunda. La melancolía, incluso la más sombría, es más un estado de ánimo transitorio que una disposición constitutiva, estado de ánimo que no excluye nunca totalmente el ensueño y que no permite, pues, considerar la melancolía como una enfermedad. Formalmente, la melancolía suave y voluptuosa y la melancolía sombría presentan aspectos idénticos: vacío interior, sensación de infinitud exterior, vaguedad de las sensaciones, ensueño, sublimación, etc. La diferencia solo es evidente en lo que respecta a la tonalidad afectiva de la visión. Es posible que la multipolaridad de la melancolía dependa más de la estructura de la subjetividad que de su naturaleza. El estado melancólico adoptaría entonces, dada su vaguedad, formas diversas según los individuos en los que se produce. Carente de intensidad dramática, es el estado que más varía y oscila. Siendo sus propiedades más poéticas que activas, posee una especie de gracia discreta (razón por la cual es más frecuente en las mujeres) que resulta imposible encontrar en la tristeza profunda.

Esa gracia aparece asimismo en los paisajes que poseen un aspecto melancólico. La amplia perspectiva del paisaje holandés o del paisaje renacentista, con sus eternidades de sombra y de luz, con sus valles cuyas ondulaciones simbolizan lo infinito y sus rayos de sol que dan al mundo un carácter de inmaterialidad, las aspiraciones y las nostalgias de los personajes que esbozan en ellos una sonrisa de comprensión y de benevolencia, todo ello refleja una gracia ligera y melancólica. En semejante ámbito el ser humano parece decir, resignado y lleno de nostalgia: «¡Qué queréis! Esto es todo lo que poseemos». Al final de toda melancolía existe la posibilidad de un consuelo o de una resignación.

Los elementos estéticos de la melancolía contienen las virtualidades de una armonía futura que la tristeza orgánica no depara. Esta conduce irremediablemente a lo irreparable, mientras que la melancolía se abre al sueño y a la gracia.

Nada es importante

¿Qué importancia puede tener que yo me atormente, que sufra o que piense? Mi presencia en el mundo no hará más que perturbar, muy a mi pesar, algunas existencias tranquilas y turbar —más aún a mi pesar— la dulce inconsciencia de algunas otras. A pesar de que siento que mi propia tragedia es la más grave de la historia —más grave aún que la caída de los imperios o cualquier derrumbamiento en el fondo de una mina—, poseo el sentimiento implícito de mi nimiedad y de mi insignificancia. Estoy persuadido de no ser nada en el universo y sin embargo siento que mi existencia es la única real. Más aún: si tuviera que escoger entre la existencia del mundo y la mía propia, eliminaría sin dudarlo la primera con todas sus luces y sus leyes para planear totalmente solo en la nada. A pesar de que la vida me resulta un suplicio, no puedo renunciar a ella, dado que no creo en lo absoluto de los valores por los que debería sacrificarme. Si he de ser sincero, debo decir que no sé por qué vivo, ni por qué no dejo de vivir. La clave se halla, probablemente, en la irracionalidad de la vida, la cual hace que esta perdure sin razón. ¿Y si solo hubiera razones absurdas de vivir? El mundo no merece que alguien se sacrifique por una idea o una creencia. ¿Somos nosotros más felices hoy porque otros se sacrificaron por nuestro bien? Pero ¿qué bien? Si alguien realmente se ha sacrificado para que yo sea hoy más feliz, en realidad soy aún más desgraciado que él, pues no deseo construir mi existencia sobre un cementerio. Hay momentos en los que me siento responsable de toda la miseria de la historia, en los que no comprendo por qué algunas personas han derramado su sangre por nosotros. La ironía suprema sería darse cuenta de que ellos fueron más felices de lo que nosotros lo somos hoy. ¡Maldita sea la historia!

Nada debería interesarme ya; hasta el problema de la muerte debería parecerme ridículo; ¿el sufrimiento?, estéril y limitado; ¿el entusiasmo?, impuro; ¿la vida?, racional; ¿la dialéctica de la vida?, lógica y no demoniaca; ¿la desesperación?, menor y parcial; ¿la eternidad?, una palabra vacía; ¿la experiencia de la nada?, una ilusión; ¿la fatalidad?, una broma... Si lo pensamos seriamente, ¿para qué sirve todo ello en realidad? ¿Para qué interrogarse?, ¿para qué intentar aclarar o aceptar sombras? ¿No valdría más que yo enterrase mis lágrimas en la arena a la orilla del mar, en una soledad absoluta? El problema es que nunca he llorado, pues mis lágrimas se han transformado en pensamientos tan amargos como ellas.

Éxtasis

Ignoro qué sentido, en un ser escéptico para quien este mundo es un mundo en el que nunca se resuelve nada, puede tener el éxtasis, el más revelador y el más rico, el más complejo y el más peligroso, el éxtasis de las profundidades últimas de la vida. Esa clase de éxtasis no nos hace adquirir ni una certeza explícita ni un saber definido; pero el sentimiento de una participación esencial es en él tan intenso que rebasa todos los límites y las categorías del conocimiento habitual. Es como si en este mundo de obstáculos, de miseria y de tortura se hubiese abierto una puerta que nos dejase ver el núcleo mismo de la existencia y pudiéramos aprehenderlo en la visión más simple y esencial, en el arrebato metafísico más extraordinario. Nos parece, inmersos en él, ver fundirse un estrato superficial formado por existencias y formas individuales, para desembocar en las regiones más profundas. ¿Es posible el verdadero sentimiento metafísico de la existencia sin la eliminación de ese estrato superficial? Solo una existencia purgada de sus elementos contingentes es capaz de permitir el acceso a una zona esencial. El sentimiento metafísico de la existencia es un sentimiento de orden extático, y toda metafísica hunde sus raíces en una forma particular de éxtasis. Es un error no admitir más que la variante religiosa del éxtasis. Existe, de hecho, una multiplicidad de formas que, dependiendo de una configuración espiritual específica o de un temperamento, no conducen necesariamente a la trascendencia. ¿Por qué no habría un éxtasis de la existencia pura, de las raíces inmanentes de la vida? ¿Acaso no se realiza semejante éxtasis en un ahondamiento que desgarra las apariencias para permitir el acceso al núcleo del mundo? Poder palpar las raíces de este mundo, poder realizar la ebriedad suprema, la experiencia de lo original y de lo primordial, equivale a experimentar un sentimiento metafísico procedente del éxtasis de los elementos esenciales del ser. El éxtasis como exaltación en la inmanencia, como incandescencia, como visión de la locura de este mundo —he ahí una base para la metafísica—, válido incluso para los últimos instantes, para el momento de la muerte... El éxtasis verdadero es peligroso; se parece a la última fase de la iniciación de los misterios egipcios, en los que la frase «Osiris es una divinidad sombría» sustituía al conocimiento explícito y definitivo. Dicho con otras palabras, lo absoluto permanece, como tal absoluto, inaccesible. Yo solo veo en el éxtasis de las raíces últimas una forma de locura y no de conocimiento. Esta experiencia es posible en la soledad únicamente, la cual nos produce la impresión de estar planeando por encima de este mundo. ¿La soledad no es, sin embargo, un terreno propicio para la locura? ¿No es característico que la locura pueda producirse en el individuo más escéptico? ¿Acaso la locura del éxtasis no se revela plenamente a través de la presencia de la certeza más extraña y de la visión más esencial en una atmósfera de duda y de desesperación?

Nadie puede, en realidad, conocer el estado extático sin la experiencia previa de la desesperación, pues ambos implican purificaciones que, aunque de diferente contenido, poseen una importancia equivalente.

Las raíces de la metafísica son tan complicadas como las de la existencia.

Un mundo en el que nada está resuelto

¿Hay algo aún sobre esta tierra que escape a la duda, aparte de la muerte, la única cosa segura en este mundo? Vivir dudando de todo es una paradoja no demasiado trágica, dado que la duda es mucho menos intensa, mucho más soportable que la desesperación. La duda más frecuente es la abstracta, en la cual no se implica más que una parte del ser, contrariamente a la desesperación, en la que la participación es visceral y total. Comparado con la desesperación —fenómeno tan extraño y tan complejo—, el escepticismo se caracteriza por una especie de diletantismo, de superficialidad. Por mucho que yo dude de todo y oponga al mundo una sonrisa de desprecio, seguiré comiendo, durmiendo tranquilamente o amando. En la desesperación, cuya profundidad solo se comprende experimentándola, esos actos son únicamente posibles mediante grandes esfuerzos y sufrimientos. En las cimas de la desesperación nadie tiene ya derecho a dormir. De ahí que un auténtico desesperado no olvide jamás nada de su tragedia: su conciencia preserva la dolorosa actualidad de su miseria subjetiva. La duda es una inquietud vinculada a los problemas y a las cosas, y procede del carácter insoluble de toda gran interrogación. Si los problemas esenciales pudieran ser resueltos, el escéptico volvería a su estado normal. ¡Qué diferente la situación del desesperado, al que la resolución de todos los problemas no volvería menos inquieto, pues su inquietud brota de la estructura misma de su ser! En la desesperación, la ansiedad es inmanente a la existencia; no se trata en absoluto de problemas, sino de convulsiones y de llamas interiores que torturan. Se puede lamentar que nada sea resuelto en este mundo; nadie, sin embargo, se ha suicidado nunca por ello; la inquietud filosófica influye poco en la inquietud total de nuestro ser. Prefiero mil veces más una existencia dramática, atormentada por el destino y sometida al suplicio de las llamas más ardientes, que la existencia de un hombre abstracto, obsesionado por interrogaciones no menos abstractas que solo le afectan superficialmente. Desprecio la ausencia de riesgo, de locura y de pasión en la vida. ¡Qué fecundo, por el contrario, es un pensamiento vivo y apasionado, irrigado por el lirismo! ¡Qué dramático e interesante resulta el proceso mediante el cual espíritus atormentados en un primer momento por problemas puramente intelectuales e impersonales, espíritus objetivos hasta el olvido de sí mismos, habiendo sido sorprendidos por la enfermedad y el sufrimiento, son fatalmente obligados a reflexionar sobre su subjetividad y sobre las experiencias que deben afrontar! Los seres objetivos y activos no hallan en sí mismos suficientes recursos para convertir su destino en un problema. Para que este se vuelva subjetivo y universal a la vez, hay que descender uno a uno todos los peldaños de un infierno interior. Mientras no nos hallemos reducidos a cenizas, podremos hacer filosofía lírica, una filosofía en la que la idea tiene raíces tan profundas como la poesía. Tenemos acceso entonces a una forma superior de existencia, en la que el mundo y sus problemas inextricables ni siquiera merecen ya el desprecio. No se trata en absoluto de una cuestión de excelencia o de valor particular del individuo; sucede simplemente que nada, excepto nuestra agonía personal, nos interesa ya a partir de ese momento.

Contradicciones e inconsecuencias

La preocupación por el sistema y por la unidad no ha sido —ni lo será nunca— una característica de quienes escriben en los momentos de inspiración, en los cuales el pensamiento es una expresión visceral que obedece a los caprichos de los nervios. Una perfecta unidad, la búsqueda de un sistema coherente son la prueba de una vida personal pobre, esquemática e insulsa, carente de contradicciones, de gratuidad, de paradojas. Solo las contradicciones esenciales y las antinomias interiores prueban una vida espiritual fecunda, pues solo ellas proporcionan al flujo y a la abundancia internas una posibilidad de realización. Quienes varían poco de estado de ánimo e ignoran la experiencia de los extremos no pueden contradecirse, puesto que sus tensiones insuficientes no podrían oponerse. Quienes, por el contrario, sienten intensamente el odio, la desesperación, el caos, la nada o el amor, aquellos a los que cada experiencia consume y precipita hacia la muerte, que no pueden respirar fuera de las cimas y que están siempre solos (y con mayor motivo cuando están acompañados), ¿cómo podrían seguir una evolución rectilínea o cristalizarse en un sistema? Todo lo que es forma, sistema, categoría, plan o esquema procede de un déficit de los contenidos, de una carencia de energía interior, de una esterilidad de la vida espiritual. Las grandes tensiones de esta desembocan en el caos, en una exaltación cercana a la demencia. No existe vida espiritual fecunda que no conozca los estados caóticos y efervescentes de la enfermedad en su paroxismo, cuando la inspiración aparece como una condición esencial de la creación y las contradicciones como manifestaciones de la temperatura interior. Todo aquel que repruebe los estados caóticos no es un creador, quien desprecie los estados enfermizos no tiene derecho a hablar del espíritu. Solo posee valor lo que surge de la inspiración, del fondo irracional de nuestro ser, lo que brota del punto central de nuestra subjetividad. Todo producto exclusivo del esfuerzo obstinado y del trabajo carece de valor, como todo producto exclusivo de la inteligencia es estéril y no posee el más mínimo interés. Por el contrario, me fascina el espectáculo del ímpetu bárbaro y espontáneo de la inspiración, la efervescencia de los estados de ánimo, del lirismo esencial y de cuanto es tensión interior, todo lo cual hace de la inspiración la única realidad viva en el terreno de la creación.

Sobre la tristeza

Si la melancolía es un estado de ensueño difuso que no conduce nunca a una profundidad ni a una concentración intensas, la tristeza, por el contrario, es un grave repliegue sobre nosotros mismos y una interiorización dolorosa. Se puede estar triste en cualquier lugar; pero, mientras que los espacios abiertos favorecen la melancolía, los espacios cerrados aumentan la tristeza. La concentración procede en ella del hecho de que tiene casi siempre una razón precisa, mientras que en la melancolía no se puede señalar ninguna causa exterior a la conciencia. Yo sé por qué estoy triste, pero no podría decir por qué estoy melancólico. Los estados melancólicos se extienden en el tiempo sin alcanzar nunca una intensidad particular. Ni la tristeza ni la melancolía estallan nunca, ninguna de las dos afecta al individuo hasta el punto de hacer vacilar los cimientos de su ser. Se habla con frecuencia de suspiros, pero nunca de gritos de tristeza. La tristeza no es un desbordamiento, sino un estado que se agota y muere. Lo que la singulariza de manera extraordinariamente significativa es su aparición, con gran frecuencia, tras ciertos paroxismos. ¿Por qué tras el acto sexual suele producirse un abatimiento, por qué se está triste tras una formidable borrachera o un desenfreno dionisiaco? Porque la fuerza derrochada en esos excesos no deja tras ella más que el sentimiento de lo irreparable y una sensación de pérdida y de abandono, caracterizados por una fuerte intensidad negativa. Estamos tristes tras ciertas proezas porque, en lugar del sentimiento de una ganancia, experimentamos el de una pérdida. La tristeza surge cada vez que la vida se disgrega; su intensidad equivale a la importancia de las pérdidas sufridas; de ahí que sea el sentimiento de la muerte el que provoque la mayor tristeza. Elemento revelador de lo que distingue la melancolía de la tristeza: nunca se dirá de un entierro que es melancólico. La tristeza no posee ningún carácter estético, el cual raramente se halla ausente de la melancolía. Resulta interesante observar cómo el terreno de la estética se estrecha a medida que nos acercamos a las experiencias y a las realidades capitales. La muerte niega la estética, de la misma manera que el sufrimiento o la tristeza. La muerte y la belleza son dos nociones que se excluyen mutuamente... Nada es más grave ni más siniestro para mí que la muerte. ¿Cómo es posible que haya habido poetas a los que les haya parecido bella y que la hayan celebrado? La muerte representa el valor absoluto de lo negativo. Resulta irónico que sea temida al mismo tiempo que idolatrada. Su negatividad me inspira, lo confieso, admiración; es sin embargo la única cosa que puedo admirar sin amarla. La grandeza y la infinitud de la muerte me impresionan, pero mi desesperación es tan vasta que me prohíbe hasta la esperanza que ella representa.

¿Cómo amar la muerte? Solo se puede escribir sobre ella exagerando su paradoja. Quien pretende tener una idea precisa de la muerte demuestra que carece de una sensibilidad profunda ante ella, a pesar de que la lleve en sí mismo. *Porque todo ser humano lleva en su interior no solo su propia vida sino asimismo su propia muerte.*

En el rostro de quien sufre de intensa tristeza se leen tanta soledad y abandono que nos preguntamos si la fisonomía de la tristeza no representa la forma a través de la cual la muerte se objetiva. La tristeza abre una puerta al misterio; este es, no obstante, tan abundante que la tristeza no deja nunca de ser enigmática. Si se estableciera una clasificación de los misterios, la tristeza pertenecería a la categoría de los misterios sin límites, inagotables.

Una constatación que puedo, muy a mi pesar, hacer a cada instante: solamente son felices quienes no piensan nunca, es decir, quienes no piensan más que lo estrictamente necesario para vivir. El pensamiento verdadero se parece a un demonio que perturba los orígenes de la vida, o a una enfermedad que ataca sus raíces mismas. Pensar continuamente, plantearnos problemas capitales a cada momento y experimentar una duda permanente respecto a nuestro destino; estar cansado de vivir, agotado hasta lo inimaginable a causa de nuestros propios pensamientos y de nuestra propia existencia; dejar tras de sí una estela de sangre y de humo como símbolo del drama y de la muerte de nuestro ser, equivale a ser desgraciado hasta el punto de que el problema del pensamiento nos da ganas de vomitar y la reflexión nos parece una condena. Hay demasiadas cosas que añorar en un mundo en el que nada debería ser añorado. De ahí que yo me pregunte si este mundo merece realmente mi nostalgia.

La insatisfacción total

¿A causa de qué anatema hay seres que no se sienten a gusto en ningún lugar? Ni con sol ni sin sol, ni con la gente ni sin ella... Ignorar el buen humor es un hecho desconcertante. Los seres humanos más desgraciados son los que no tienen derecho a la inconsciencia. Poseer una conciencia permanentemente despierta, definir de nuevo sin cesar nuestra relación con el mundo, vivir en la tensión perpetua del conocimiento, equivale a estar perdido para la vida. El saber es una plaga, y la conciencia una llaga abierta en el corazón de la vida. El ser humano ¿no vive acaso la tragedia de un animal constantemente insatisfecho que habita entre la vida y la muerte? Mi naturaleza de ser humano me hastía profundamente. Si pudiera, renunciaría a ella inmediatamente; pero ¿en qué me convertiría? ¿En un animal? Imposible dar marcha atrás. Además, correría el peligro de ser un animal al corriente de la historia de la filosofía. Convertirme en un superhombre me parece una imposibilidad y una estupidez, una quimera risible. La solución —aproximativa, es cierto— ¿no residiría en una especie de supraconciencia? ¿No podríamos vivir *más allá* (y no más acá, en el sentido de la animalidad) de todas las formas complejas de la conciencia, de los suplicios y de las ansiedades, de los trastornos nerviosos y de las experiencias espirituales, en un nivel de existencia en el que el acceso a la eternidad dejaría de ser un simple mito? Por lo que a mí respecta, dimito de la humanidad: no puedo, ni quiero, continuar siendo un hombre. ¿Qué podría yo hacer aún como ser humano: elaborar un sistema social y político o hacer desgraciada a una pobre joven? ¿Denunciar las inconsecuencias de los diversos sistemas filosóficos o dedicarme a realizar un ideal moral y estético? Todo eso me parece irrisorio: nada puede ya seducirme. Renuncio a mi calidad de ser humano, a riesgo de hallarme solo en las pendientes que deseo escalar. ¿Acaso no estoy ya solo en este mundo del que he dejado de esperar algo? Más allá de las aspiraciones y de los ideales corrientes, una supraconciencia proporcionaría, probablemente, un espacio en el que se pudiese respirar. Ebrio de eternidad, yo podría olvidar la futilidad de este mundo, nada perturbaría ya un éxtasis en el cual el ser sería tan puro e inmaterial como el no-ser.

El baño de fuego

Para lograr experimentar la sensación de la inmaterialidad, existen tantos caminos que toda tentativa de establecer una jerarquía sería extremadamente arriesgada, por no decir inútil. Cada uno toma una vía diferente según su temperamento. Por lo que a mí respecta, pienso que el baño de fuego constituye la tentativa más fecunda. Sentir en todo nuestro ser un incendio, un calor absoluto, notar que brotan en nuestro interior llamas voraces, no ser más que relámpago y resplandor: eso es un baño de fuego. Se realiza entonces una purificación capaz de anular a la propia existencia. ¿Acaso las olas de calor y las llamas no devastan hasta su núcleo, no consumen la vida, no reducen su fuerza quitándole todo carácter agresivo a una simple aspiración? Experimentar un baño de fuego, soportar los caprichos de un violento calor interior, ¿no es alcanzar una pureza inmaterial semejante a una danza de llamas? La liberación de la gravedad gracias a ese baño de fuego ¿no convierte la vida en una ilusión o en un sueño? Y ello no es apenas nada comparado con la sensación final —tan paradójica— en la que el sentimiento de esa irrealidad onírica es sustituido por la sensación de ser reducido a cenizas, una sensación que corona inevitablemente todo baño de fuego interior. Se puede hablar con razón, a partir de ese momento, de inmaterialidad. Quemados hasta el último grado por nuestras propias llamas, privados de toda existencia individual, transformados en un montón de cenizas, ¿cómo podríamos experimentar aún la sensación de vivir? Una loca voluptuosidad de una ironía infinita se apodera de mí cuando imagino mis cenizas desperdigadas por todo el planeta, frenéticamente agitadas por el viento, diseminándome en el espacio como un eterno reproche contra este mundo.

La desintegración

No todo el mundo ha perdido su ingenuidad, de ahí que no todo el mundo sea desgraciado. Quienes han vivido y continúan viviendo pegados a la existencia, no por imbecilidad sino por un amor instintivo al mundo, logran alcanzar la armonía, una integración en la vida que no pueden sino envidiar aquellos que frecuentan los extremos de la desesperación. La desintegración, por su parte, corresponde a una pérdida total de la ingenuidad, ese don maravilloso destruido por el conocimiento, enemigo declarado de la vida. El hechizo que se siente ante el encanto espontáneo del ser, la experiencia inconsciente de las contradicciones, las cuales pierden implícitamente su carácter trágico, son expresiones de la ingenuidad, terreno fértil para el amor y el entusiasmo. No experimentar las contradicciones de manera dolorosa es alcanzar la alegría virginal de la inocencia, permanecer cerrado a la tragedia y al sentimiento de la muerte. La ingenuidad es opaca a lo trágico, pero se halla abierta al amor, pues el ingenuo —ser que no se haya consumido por contradicciones internas— posee los recursos necesarios para consagrarse a él. Para el desintegrado, por el contrario, lo trágico posee una intensidad extremadamente penosa, pues las contradicciones no surgen únicamente en él mismo, sino también entre él y el mundo. Solo existen dos actitudes fundamentales: la ingenua y la heroica; todas las demás no hacen más que diversificar los matices de ambas. Esa es la única alternativa posible si no se quiere sucumbir a la imbecilidad. Ahora bien, dado que para el ser humano confrontado a dicha disyuntiva la ingenuidad es un bien perdido, imposible de recuperar, no queda más que el heroísmo. La actitud heroica es el privilegio y la condena de los desintegrados, de los fracasados. Ser un héroe —en el sentido más universal de la palabra— significa desear un triunfo absoluto, triunfo que solo puede obtenerse mediante la muerte. Todo heroísmo trasciende la vida, e implica fatalmente un salto en la nada. Todo heroísmo es, pues, un heroísmo de la nada, y eso incluso en el caso de que el héroe no sea consciente de ello y no se dé cuenta de que su fuerza interior procede de una vida carente de su dinamismo habitual. Todo lo que no nace de la ingenuidad y no conduce a ella pertenece a la nada. ¿Ejercería esta, pues, una atracción real? En ese caso, se trata de una atracción demasiado misteriosa para que podamos ser conscientes de ella.

Sobre la realidad del cuerpo

Nunca comprenderé por qué el cuerpo ha podido ser considerado como una ilusión, de la misma manera que tampoco comprenderé cómo se ha podido concebir el espíritu fuera del drama de la vida, de sus contradicciones y de sus deficiencias. Ello equivale, a todas luces, a no tener conciencia de la carne, de los nervios y de cada órgano. Lo cual resulta incomprensible para mí, a pesar de que sospecho que semejante inconsciencia es una condición esencial de la felicidad. Quienes permanecen apegados a la irracionalidad de la vida, dominados por su ritmo orgánico anterior a la aparición de la conciencia, no conocen ese estado en el que la realidad corporal se halla constantemente presente en ella. Esa presencia denota, en efecto, una enfermedad esencial de la vida. Porque ¿no es acaso una enfermedad sentir constantemente nuestras piernas, nuestro estómago, nuestro corazón, etc., ser conscientes de la más mínima parte de nuestro cuerpo? La realidad del cuerpo es una de las más terribles que existen. Me gustaría saber qué sería del espíritu sin los tormentos de la carne, o de la conciencia sin una hipersensibilidad del sistema nervioso. ¿Cómo se puede concebir la vida sin el cuerpo, cómo se puede imaginar una existencia autónoma y original del espíritu? Porque el espíritu es el fruto de un desequilibrio de la vida, de la misma manera que el ser humano no es más que un animal que ha traicionado sus orígenes. *La existencia del espíritu es una anomalía de la vida.* ¿Por qué no renunciaría yo al espíritu? Pero la renuncia ¿no sería una enfermedad del espíritu antes de ser una enfermedad de la vida?

No sé

No sé lo que está bien ni lo que está mal; lo que está permitido y lo que no lo está; no puedo alabar ni condenar nada. En este mundo, es imposible tener un criterio ni principios coherentes. Me sorprende que haya gente que se preocupe todavía de la teoría del conocimiento. Si he de ser sincero, debo confesar que me importa un bledo la relatividad de nuestro saber, puesto que este mundo no merece ser conocido. Unas veces tengo la impresión de que existe un saber integral que agota todo el contenido del mundo, otras no comprendo absolutamente nada de lo que sucede a mi alrededor. Siento una especie de gusto acre, una amargura diabólica y bestial que hacen que incluso el problema de la muerte me parezca insulso. Me doy cuenta, por primera vez, de lo difícil que es definir esa amargura; quizá sea también porque pierdo el tiempo buscándole orígenes de orden teórico, cuando en realidad procede de una región eminentemente preteórica.

En este momento no creo absolutamente en nada y no tengo la más mínima esperanza. Todo lo que nos atrae y seduce en la vida me parece vacío de sentido. No poseo ni el sentimiento del pasado ni el del futuro; el presente me parece un veneno. No sé si estoy desesperado, pues la ausencia de toda esperanza no equivale obligatoriamente a la desesperación. Ningún calificativo podría afectarme, pues no tengo ya nada que perder. Y pensar que lo he perdido todo en el momento en que a mi alrededor todo despierta a la vida... ¡Qué lejos me hallo de todo!

Soledad individual y soledad cósmica

Se pueden concebir dos maneras de experimentar la soledad: sentirse solo en el mundo o sentir la soledad del mundo. Quien se siente solo vive un drama meramente individual —el sentimiento del abandono puede surgir en el ámbito natural más espléndido—. Ser arrojado a este mundo, ser incapaz de adaptarse a él, ser destruido por las deficiencias o exaltaciones propias, ser indiferente a los aspectos exteriores de la vida —se trate de aspectos sombríos o brillantes— para permanecer apegado al propio drama interior: en eso consiste la soledad individual. El sentimiento de la soledad cósmica, por el contrario, procede menos de un tormento puramente subjetivo que de la sensación del abandono de este mundo, de una nada objetiva. Como si el mundo hubiera perdido súbitamente todo resplandor para evocar la monotonía esencial de los cementerios. Hay muchas personas que son torturadas por la visión de un universo abandonado, irremediablemente condenado a una soledad glacial, que ni siquiera los débiles reflejos de una luz crepuscular podrían alcanzar. ¿Quiénes son, pues, más desgraciados: aquellos que sienten la soledad en sí mismos o quienes la sienten fuera de sí mismos? Imposible responder a esta pregunta. Y, además, ¿por qué me preocuparía yo de establecer una jerarquía entre las soledades? ¿No basta con estar solo?

Afirmo aquí, para todos aquellos que me sucederán un día, que no hay nada sobre este planeta en lo que yo pueda creer y que la única salvación posible es el olvido. Me gustaría poder olvidarlo todo, olvidarme de mí mismo y olvidar el mundo entero. Las verdaderas confesiones se escriben con lágrimas únicamente. Pero mis lágrimas bastarían para anegar este mundo, como mi fuego interior bastaría para incendiarlo. No necesito ningún apoyo, ninguna exhortación ni ninguna compasión, pues, por muy bajo que haya caído, me siento poderoso, duro, feroz... Soy, en efecto, el único ser humano sin esperanza. Ese es el colmo del heroísmo, su paroxismo y su paradoja. ¡La locura suprema! Debería canalizar la pasión caótica e informe que me habita para olvidarlo todo, para no ser ya nada, para liberarme del saber y de la conciencia. Si me obligasen a tener una esperanza, solo podría ser la del olvido absoluto. Pero entonces, ¿no se trataría de una desesperanza? Semejante «esperanza» ¿no constituye acaso la negación de toda esperanza? No quiero saber ya nada, ni siquiera el hecho de no saber nada. ¿Por qué tantos problemas, tantas discusiones, tanta vehemencia? ¿Por qué semejante conciencia de la muerte? ¡Basta de filosofía y de pensamiento!

Apocalipsis

¡Cuánto me gustaría que todas las personas ocupadas o investidas de una misión, hombres y mujeres, jóvenes y viejos, seres superficiales o serios, alegres o tristes, abandonasen un buen día sus tareas, renunciando a todo deber u obligación, y saliesen a pasear a la calle cesando toda actividad! Todos esos imbéciles que trabajan sin motivo o se complacen en su contribución al bien de la humanidad, ajetreándose —víctimas de la ilusión más funesta— para las generaciones futuras, se vengarían entonces de la mediocridad de una vida nula y estéril, de ese absurdo derroche de energía tan ajeno al progreso espiritual. ¡Cómo saborearía yo esos instantes en los que ya nadie se dejaría embaucar por un ideal ni seducir por ninguna de las satisfacciones que ofrece la vida, esos momentos en los que toda resignación sería ilusoria, en los que los límites de una vida normal estallarían definitivamente! Todos aquellos que sufren en silencio, sin atreverse a expresar su amargura mediante el más mínimo suspiro, gritarían entonces formando un coro siniestro cuyos clamores horrendos harían temblar la Tierra entera. ¡Ojalá las aguas se desencadenasen y las montañas se movieran, los árboles se pusieran a exhibir sus raíces como un odioso y eterno reproche, los pájaros a graznar como los cuervos, los animales espantados a deambular hasta el agotamiento...! Que todos los ideales sean declarados nulos; las creencias, bagatelas; el arte, una mentira, y la filosofía, pura chirigota. Que todo sea erupción y desmoronamiento. Que vastos trozos de suelo vuelen y, cayendo, sean destrozados; que las plantas compongan en el firmamento arabescos insólitos, hagan contorsiones grotescas, figuras mutiladas y aterradoras. Ojalá torbellinos de llamas se eleven con un ímpetu salvaje e invadan el mundo entero para que el menor ser vivo sepa que el final está cerca. Ojalá toda forma se vuelva informe y el caos devore en un vértigo universal todo lo que en este mundo posee estructura y consistencia. Que todo sea estrépito demente, estertor colosal, terror y explosión, seguidos de un silencio eterno y de un olvido definitivo. Ojalá en esos momentos últimos los hombres vivan a tal temperatura que toda la nostalgia, las aspiraciones, el amor, el odio y la desesperación que la humanidad ha sentido desde siempre estallen en ellos gracias a una explosión devastadora. En semejante conmoción, en la que ya nadie encontraría un sentido a la mediocridad del deber, en la que la existencia se desintegraría bajo la presión de sus contradicciones internas, ¿qué quedaría, salvo el triunfo de la Nada y la apoteosis del no-ser?

El monopolio del sufrimiento

Me pregunto por qué el sufrimiento solo agobia a una minoría. ¿Existe una razón para esa selección que entre los individuos normales aísla una categoría de elegidos destinados a los suplicios más horribles? Algunas religiones afirman que el sufrimiento es el medio que usa la Divinidad para probarnos, o para hacernos expiar un pecado o la ausencia de fe. Semejante concepción puede ser válida para un creyente, pero no para quien ve cómo el sufrimiento castiga indiferentemente tanto a los puros como a los impuros. Nada puede justificar el sufrimiento, y querer fundamentarlo en una jerarquía de valores es estrictamente imposible —suponiendo que una jerarquía semejante pudiese existir.

El aspecto más extraño de quienes sufren reside en su creencia en lo absoluto de su tormento, que les hace suponer que detentan su monopolio. Tengo la clara certeza de haber concentrado en mí todo el sufrimiento de este mundo y de poseer el derecho a su gozo exclusivo, y ello a pesar de que constato sufrimientos aún más atroces, que se puede morir perdiendo trozos de carne, que uno se puede desintegrar ante sus propios ojos. Hay sufrimientos monstruosos, criminales, inadmisibles. Nos preguntamos cómo pueden producirse, y, puesto que se producen, cómo se puede seguir hablando de finalidad y demás estupideces. El sufrimiento me impresiona tanto que me hace perder toda especie de coraje ante él. No puedo comprender la razón del sufrimiento en este mundo; el hecho de que provenga de la bestialidad, de la irracionalidad, del diabolismo de la vida, explica su *presencia,* pero no su justificación. Es, pues, probable que el sufrimiento no tenga ninguna, igual que la existencia en general. ¿Debería la existencia existir? ¿O tiene una causa puramente inmanente? ¿El ser no es más que ser? ¿Por qué no admitir un triunfo final del no-ser?, ¿por qué no admitir que la existencia se dirige hacia la nada, y el ser hacia el no-ser? ¿Acaso este último no constituye la única realidad absoluta? Esa es una paradoja del tamaño de la paradoja de este mundo.

A pesar de que el sufrimiento como fenómeno me impresiona e incluso a veces me fascina, no podría escribir sin embargo su apología, dado que el sufrimiento duradero —y el verdadero sufrimiento lo es siempre— por muy purificador que sea en su primera fase, acaba trastornando, destruyendo, desagregando. El entusiasmo fácil por el sufrimiento caracteriza a los estetas y a los diletantes, los cuales lo consideran como una diversión, ignorando su terrible fuerza de desintegración y sus recursos venenosos de disgregación, pero también su fecundidad, la cual sin embargo hay que pagar muy cara. Poseer el monopolio del sufrimiento equivale a vivir colgado encima de un precipicio. Pues todo sufrimiento verdadero es un abismo.

El sentido del suicidio

¡Qué cobardes son quienes piensan que el suicidio es una afirmación de la vida! Para compensar su falta de valor, inventan toda clase de razones que supuestamente justifican su impotencia. A decir verdad, no existe una voluntad o una decisión racional de suicidarse, sino únicamente causas viscerales e íntimas que nos predestinan a ello.

Los suicidas tienen una predisposición patológica hacia la muerte, a la cual resisten en realidad, pero que no pueden suprimir. La vida en ellos ha alcanzado un desequilibrio tal que ningún motivo racional puede ya consolidarla. Ningún suicidio es causado únicamente por una reflexión sobre la inutilidad del mundo o sobre la nada de la vida. A quien me oponga el ejemplo de aquellos antiguos sabios que se suicidaban en soledad, responderé que habían liquidado en sí mismos la más mínima parcela de vida, que habían destruido toda alegría de existir y suprimido toda tentación. Reflexionar durante mucho tiempo sobre la muerte o sobre otras cuestiones angustiosas inflige a la vida una herida más o menos decisiva, si bien es verdad que esa clase de tormentos no puede afectar más que a las personas ya heridas. Los seres humanos no se suicidan nunca por razones exteriores, sino a causa de un desequilibrio interno, orgánico. Los mismos acontecimientos dejan a unos indiferentes, marcan a otros e incitan a otros más al suicidio. Para llegar a la obsesión del suicidio hacen falta tantos tormentos, tantos suplicios, un desmoronamiento de las barreras interiores tan violento, que la vida no es tras ello más que una agitación siniestra, un vértigo, un torbellino trágico. ¿Cómo podría ser el suicidio una afirmación de la vida? Suele decirse que es provocado por decepciones, lo cual equivale a decir que se desea la vida y que se espera de ella más de lo que puede dar. ¡Qué falsa dialéctica, como si el suicida no hubiese vivido antes de morir, como si no hubiera tenido ambiciones, esperanzas, dolores o conocido la desesperación! Lo importante en el suicidio es el hecho de no poder vivir ya, el cual proviene no de un capricho sino de una terrible tragedia interior. ¿Y hay quien piensa que no poder ya vivir es afirmar la propia vida? Me extraña que se busque aún una jerarquía de suicidios: nada es más estúpido que desear clasificarlos según la nobleza o la vulgaridad de sus causas. ¿No es lo suficientemente impresionante en sí el hecho de quitarse la vida como para que se anden buscando motivos? Siento el mayor de los desprecios por quienes se burlan del suicidio por amor, pues son incapaces de comprender que un amor irrealizable representa, para el amante, una imposibilidad de definirse, una pérdida integral de su ser. Un amor total insatisfecho conduce inevitablemente al hundimiento. Solo admiro a dos categorías de personas: quienes pueden volverse locas en cualquier momento y quienes son capaces en cada instante de suicidarse. Únicamente ellos me impresionan, pues solo ellos conocen grandes pasiones y experimentan grandes transfiguraciones. A quienes sienten la vida de una manera positiva, a aquellos seres para quienes cada instante es una certeza, que están encantados de su pasado, de su presente y de su futuro, solo puedo estimarlos a secas. Únicamente quienes se hallan en contacto permanente con las realidades últimas me conmueven realmente.

¿Por qué yo no me suicido? Porque la muerte me repugna tanto como la vida. No tengo la más mínima idea de por qué me encuentro en este mundo. Experimento en este momento una imperiosa necesidad de gritar, de dar un aullido que horrorice al universo. Siento que asciende en mí un fragor sin precedentes y me pregunto por qué no estalla para aniquilar a este mundo, que yo sepultaría con mi nada. Me considero el ser más terrible que haya existido nunca en la historia, un salvaje apocalíptico repleto de llamas y de tinieblas. Soy una fiera de sonrisa grotesca que se contrae y se dilata infinitamente, que muere y crece al mismo tiempo, exaltada entre la esperanza de la nada y la desesperación del todo, alimentada con fragancias y venenos, abrasada por el amor y el odio, aniquilada por las luces y las sombras. Mi símbolo es la muerte de la luz y la llama de la muerte. En mí todo destello se apaga para resucitar convertido en trueno y relámpago. ¿Acaso no arden hasta las tinieblas dentro de mí?

El lirismo absoluto

Quisiera estallar, hundirme, disgregarme, quisiera que mi destrucción fuese mi *obra,* mi creación, mi inspiración; quisiera realizarme en el aniquilamiento, elevarme mediante un ímpctu demente por encima de los confines, y que mi muerte fuese mi triunfo. Quisiera fundirme en el mundo y que el mundo se fundiera en mí, que juntos tuviésemos en nuestro delirio un sueño apocalíptico, extraño como una visión del final y magnífico como un gran crepúsculo. Quisiera que naciesen de la materia de nuestro sueño esplendores enigmáticos y sombras conquistadoras, que un incendio total devorase el mundo y que sus llamaradas provocasen voluptuosidades crepusculares tan complicadas como la muerte y fascinantes como la nada. Para que el lirismo alcance su expresión suprema son necesarias tensiones dementes. *El lirismo absoluto es el lirismo de los últimos instantes.* La expresión se confunde en ellos con la realidad, se vuelve todo, se convierte en una hipóstasis del ser. No ya objetivación parcial, menor e incapaz de revelaciones, sino parte integrante de nosotros mismos. A partir de entonces no son importantes solamente la sensibilidad o la inteligencia, sino también el ser, el cuerpo entero, toda nuestra vida con su ritmo y sus pulsaciones. El lirismo total no es más que el destino llevado al grado supremo del conocimiento de sí mismo. Cada una de sus expresiones es un trozo de nosotros mismos. De ahí que solo lo experimentemos en los momentos esenciales, en los que los estados expresados se consumen al mismo tiempo que la propia expresión, al igual que el sentimiento de la agonía y el fenómeno complejo de morir. El acto y la realidad coinciden: el primero no es ya una manifestación de la segunda, sino ella misma. El lirismo como tendencia hacia la autoobjetivación se sitúa más allá de la poesía, del sentimentalismo, etc. Se parece más a una metafísica del destino, en la medida en que coinciden en él una actualidad total de la vida y el contenido más profundo del ser a la búsqueda de una conclusión. Por regla general, el lirismo absoluto tiende a resolverlo todo haciéndolo girar alrededor de la muerte. Pues todo lo que es capital tiene algo que ver con la muerte.

¡Sensación de la confusión absoluta! No ser ya capaz de ninguna distinción, no poder ya aclarar nada, no comprender ya nada... Esa sensación convierte al filósofo en poeta. Sin embargo, no todos los filósofos pueden conocerla ni vivirla con una intensidad permanente. Si lo hicieran, no podrían continuar filosofando de manera abstracta y rigurosa. El proceso de transformación del filósofo en poeta es esencialmente dramático. Desde la cumbre del mundo definitivo de las formas y de las interrogaciones abstractas, se hunde uno, en pleno vértigo de los sentidos, en la confusión de los elementos del alma, que se entretejen para engendrar construcciones extrañas y caóticas. ¿Cómo consagrarse a la filosofía abstracta a partir del momento en que se siente en sí mismo el desarrollo de un drama complejo en el cual se amalgaman un presentimiento erótico y una inquietud metafísica torturadora, el miedo a la muerte y una aspiración a la ingenuidad, la renuncia total y un heroísmo paradójico, la desesperación y el orgullo, la premonición de la locura y el deseo de anonimato, el grito y el silencio, y el entusiasmo y la nada? Además, esas tendencias se amalgaman y evolucionan en una efervescencia suprema y una locura interior, hasta la confusión total. Ello excluye toda filosofía sistemática, toda construcción precisa. Hay muchos seres que han comenzado por el mundo de las formas y han acabado en la confusión; esos seres no pueden ya filosofar más que de manera poética. Pero cuando se alcanza ese grado de confusión, solo importan los suplicios y las voluptuosidades de la locura.

La esencia de la gracia

Existen muchos artificios que nos alejarían de la fascinación de trascender nuestro apego ciego a la vida; pero solo la gracia produce un desapego que no rompe el vínculo con las fuerzas irracionales de la existencia, pues ella es un salto inútil, un ímpetu desinteresado en el que el encanto ingenuo y el ritmo confuso de la vida conservan su lozanía. Toda gracia es un vuelo, una voluptuosidad de la elevación.

Los gestos de la gracia evocan, en su despliegue, la impresión de un vuelo planeado por encima del mundo, ligero e inmaterial. Su espontaneidad posee la delicadeza de un aleteo, la naturalidad de una sonrisa y la pureza de un ensueño primaveral. ¿Acaso la danza no es la expresión más viva de la gracia? El sentimiento de la vida que da la gracia convierte a esta en una tensión inmaterial, en un flujo de vitalidad pura que no sobrepasa nunca la armonía inmanente a todo ritmo delicado. La gracia actúa siempre como una fantasía de la vida, como un juego gratuito, como una expansión que halla sus límites en el interior de sí misma. De ahí que produzca la ilusión agradable de la libertad, del abandono directo y espontáneo, de un sueño inmaculado desbordante de claridad. La desesperación, por el contrario, expresa un paroxismo de la individualización, una interiorización dolorosa y singular, un aislamiento sobre las cimas. Todos los estados que resultan de una ruptura y nos conducen a las cumbres de la soledad intensifican la individualización y la llevan a su paroxismo. La gracia, en cambio, conduce a un sentimiento armonioso, a una realización ingenua, que excluye la sensación de aislamiento. Ella crea un estado de ilusión en el que la vida niega y trasciende sus antinomias y su dialéctica diabólica, en el que las contradicciones, lo irreparable y la fatalidad desaparecen temporalmente para ser sustituidos por una especie de existencia sublimada. Sin embargo, por muy rica que sea la gracia en sublimación y pureza aérea, estas no alcanzarán nunca las grandes purificaciones de las cimas en que se realiza lo sublime. Las experiencias corrientes no conducen jamás la vida a un punto de tensión paroxístico, de vértigo interior, no emancipan de la gravedad ni vencen —ni siquiera temporalmente— la gravitación, símbolo de la muerte. La gracia, por el contrario, representa una victoria sobre la presión de las fuerzas de atracción subterráneas, una evasión de las garras bestiales, de las propensiones demoniacas de la vida y de sus tendencias negativas. La superación de la negatividad es uno de los aspectos esenciales del sentimiento *gracioso* de la existencia. Que nadie se extrañe en absoluto si la vida aparece entonces más luminosa, envuelta en un resplandor radiante. Sobrepasando lo demoniaco y la negatividad hacia una armonía formal, la gracia logra el bienestar más rápidamente de lo que podrían hacerlo los caminos complicados de la fe, en la cual dicho bienestar no se logra más que tras contradicciones y tormentos. ¡Qué diversidad en el mundo!, pensar que existe, al lado de la gracia, un temor constante que nos roe hasta el agotamiento... Quien no ha experimentado el miedo a todo, el terror del mundo, la ansiedad universal, la inquietud suprema, el suplicio de cada instante, no sabrá nunca lo que significan la tensión física, la demencia de la carne y la locura de la muerte. Todo lo profundo surge de la enfermedad; todo lo que no procede de ella no tiene más que un valor estético y formal. Estar enfermo es vivir, quiérase o no, sobre cimas, las cuales, sin embargo, no representan únicamente alturas, sino también abismos y profundidades. Solo existen cimas abismales, puesto que de ellas puede uno despeñarse en cualquier instante; y son precisamente esas caídas las que permiten alcanzar las cumbres. La gracia, por su parte, representa un estado de satisfacción, por no decir de felicidad: en ella no hay abismos ni grandes sufrimientos. Si las mujeres son más felices que los hombres es porque la gracia y la ingenuidad son en ellas mucho más frecuentes. Ellas también padecen por supuesto enfermedades e insatisfacciones, pero su gracia candorosa les proporciona un equilibrio superficial que no podría desembocar en tensiones peligrosas. La mujer, desde un punto de vista espiritual, no corre ningún peligro, dado que en ella la antinomia de la vida y del espíritu posee una intensidad menor que en el hombre. El sentimiento *gracioso* de la existencia no conduce en absoluto a revelaciones metafísicas, a la perspectiva de los últimos instantes o a la visión de realidades esenciales, las cuales nos hacen vivir como si hubiésemos dejado de vivir. Las mujeres desconciertan: cuanto más pensamos en ellas, menos las comprendemos. Proceso análogo al que nos reduce al silencio a medida que reflexionamos sobre la esencia última del mundo. Pero mientras que en ese caso permanecemos estupefactos ante una infinitud indescifrable, el vacío de la mujer nos parece un *misterio*. La misión de la mujer consiste en permitir que el hombre evite la presión torturadora del espíritu; ella puede ser una salvación. No habiendo logrado salvar el mundo, la gracia habrá por lo menos salvado a las mujeres.

Vanidad de la compasión

¿Cómo tener ideales cuando existen sobre esta Tierra seres sordos, ciegos o locos? ¿Cómo podría yo alegrarme de la existencia de la luz que otro ser no puede ver, o del sonido que no puede oír? Yo me siento responsable de las tinieblas de todos y me considero un ladrón de luz. Porque ¿no hemos robado nosotros, en efecto, la luz a quienes no ven y el sonido a quienes no oyen? ¿Acaso nuestra lucidez no es culpable de las tinieblas de los locos? Sin saber por qué, cuando pienso en estas cosas pierdo todo coraje y toda voluntad; el pensamiento me parece inútil, y vana la compasión. No me siento suficientemente normal para compadecerme de las desgracias de los demás. La compasión es una prueba de superficialidad: los destinos rotos y las desdichas irremediables nos conducen al grito o a la inercia permanente. La piedad y la conmiseración son tan ineficaces como insultantes. Además, ¿cómo apiadarse de las desgracias de los demás cuando uno mismo sufre infinitamente? La compasión no compromete a nada; de ahí que sea tan frecuente. Nadie ha muerto en este mundo a causa del sufrimiento de los demás. En cuanto a quien pretendió morir por nosotros, no murió: lo mataron.

Eternidad y moral

Nadie ha podido decir hasta hoy qué son el bien y el mal. Y lo mismo seguirá sucediendo seguramente en el futuro. Poco importa la relatividad: solo cuenta la imposibilidad de no utilizar esas expresiones. Sin saber lo que está bien ni lo que está mal, yo califico, sin embargo, las acciones de buenas y malas. Si se me preguntara en virtud de qué me pronuncio de semejante manera, no sabría qué responder. Un proceso instintivo me hace apreciar las cosas según ciertos criterios morales; cuando pienso después en ellos, no les encuentro la más mínima justificación. Si la moral se ha vuelto tan compleja, y tan contradictoria, es porque los valores morales han dejado de constituirse *en el terreno de la vida* para cristalizarse en una región trascendente, no conservando más que débiles contactos con las tendencias vitales e irracionales. ¿Cómo podría fundarse una moral? La palabra *bien* es tan insulsa e inexpresiva que me produce ganas de vomitar. La moral nos prescribe obrar por el triunfo del bien. ¿De qué manera? Mediante la realización del deber, el respeto, el sacrificio, la modestia, etc. Yo no veo en ello más que vocablos vagos y vacíos de sentido: ante los hechos brutos, los principios morales resultan tan vanos que uno se pregunta si no valdría más, en resumidas cuentas, vivir sin criterios. Me gustaría que nuestro mundo fuese un mundo en el que no existiese ninguno, un mundo sin forma ni principio, un mundo de la indeterminación absoluta. Pues en el nuestro todos los criterios, fórmulas o principios son tan insulsos que su semipresencia es más exasperante que el absolutismo normativo más terrible. Imagino un mundo de fantasía y de sueño en el que discutir sobre la legitimidad de las normas no tendría ya el mínimo sentido. Puesto que, de todas maneras, la realidad es irracional en su esencia, ¿para qué separar el bien del mal?, ¿para qué *diferenciar* cualquier cosa? Quienes sostienen que se puede, a pesar de todo, salvar la moral ante la eternidad se confunden totalmente. Afirman que, a pesar del triunfo del placer, de las satisfacciones menores y del pecado, subsisten únicamente, ante la eternidad, las buenas acciones y la realización moral. Tras las miserias y los placeres efímeros, se asiste —dicen— al triunfo final del bien, a la victoria definitiva de la virtud. Pero no se han dado cuenta de que, si la eternidad liquida las satisfacciones y los placeres superficiales, liquida también las virtudes, las buenas acciones y los actos morales. La eternidad no conduce ni al triunfo del bien ni al del mal: lo anula todo. Condenar el epicureísmo en nombre de la eternidad es una actitud absurda. ¿Por qué mi sufrimiento me haría durar más tiempo a mí que el placer a un vividor? Objetivamente hablando, ¿qué puede significar el hecho de que un individuo se crispe en la agonía mientras que otro se repantigue en la voluptuosidad? Se sufra o no, la nada nos devorará indiferente e irremediablemente, y para siempre. No se puede hablar de un acceso objetivo a la eternidad, sino solo de un sentimiento subjetivo, producto de discontinuidades en la experiencia del tiempo. Nada de lo que crea el ser humano puede conducir a una victoria definitiva. ¿Por qué embriagarse de ilusiones morales cuando existen ilusiones más bellas aún? Quienes hablan de la salvación moral ante la eternidad evocan el eco indefinido que en la historia produce el acto moral, su resonancia ilimitada. Nada es menos cierto, dado que los supuestos virtuosos —en realidad simples cobardes— desaparecen mucho más rápidamente de la conciencia del mundo que los adeptos al placer. De todas formas, incluso en el caso contrario, ¿qué significarían algunas decenas de años suplementarios? Todo placer insatisfecho es una ocasión desperdiciada para siempre. No seré yo quien se ponga a esgrimir el sufrimiento para prohibir las orgías y los excesos. Dejemos hablar a los mediocres de las consecuencias de los placeres: ¿acaso las del dolor no son mucho más graves aún? Solo un mediocre deseará, para morir, alcanzar el estadio de la vejez. Sufrid, pues, embriagaos, bebed la copa del placer hasta el final, llorad o reíd, gritad de alegría o de desesperación, de todas maneras nada quedará de todo ello. Toda la moral no tiene más objetivo que transformar esta vida en una suma de ocasiones desperdiciadas.

Instante y eternidad

La eternidad solo puede comprenderse como experiencia, como algo vivido. Concebirla objetivamente no tiene ningún sentido para el individuo, dado que su finitud temporal le prohíbe considerar una duración indefinida, un proceso ilimitado. La experiencia de la eternidad depende de la *intensidad* de las reacciones subjetivas; la entrada en la eternidad solo puede realizarse trascendiendo la temporalidad. Hay que entablar un combate duro y constante contra el tiempo para que —una vez superado el espejismo de la sucesión de los momentos— no quede más que la experiencia exasperada del instante, que nos precipita directamente hacia lo intemporal. ¿Cómo la inmersión absoluta en el instante permite el acceso a la intemporalidad? La percepción del devenir resulta de la insuficiencia de los instantes, de su relatividad: quienes poseen una conciencia aguda de la temporalidad viven cada segundo pensando en el siguiente. La eternidad, por el contrario, solo se alcanza suprimiendo toda correlación, viviendo cada instante de manera absoluta. Toda experiencia de la eternidad supone un salto y una transfiguración, pues muy pocos seres son capaces de la tensión necesaria para alcanzar esa paz serena que se halla en la contemplación de lo eterno.

Lo importante no es la duración, sino la intensidad de dicha contemplación. El retorno a una vida habitual no disminuye en nada la fecundidad de esa profunda experiencia. La *frecuencia* de la contemplación es esencial: tan solo la repetición permite alcanzar la ebriedad de la eternidad, en la cual las voluptuosidades poseen algo de supraterrestre, una trascendencia resplandeciente. Cuando se aísla cada instante en la sucesión, se le da un carácter de absoluto, pero que continúa siendo meramente subjetivo, sin ningún elemento de irrealidad o de fantasía. En la perspectiva de la eternidad, el tiempo es, con su séquito de instantes individuales, si no irreal, en cualquier caso insignificante respecto a las realidades esenciales.

La eternidad nos hace vivir sin añorar ni esperar nada. Vivir cada momento por él mismo es superar la relatividad del gusto y de las categorías, arrancarse a la inmanencia en la que nos encierra la temporalidad. El vivir inmanente en la vida es imposible sin el vivir simultáneo en el tiempo, dado que la vida como actividad dinámica y progresiva exige la temporalidad: privada de esta, pierde su carácter dramático. Cuanto más intensa es la vida, más esencial y revelador es el tiempo. Además, la vida presenta una multitud de *direcciones* y de fuerzas que solo pueden desplegarse en el tiempo. Cuando tratamos de la vida, hablamos de instantes; cuando tratamos de la eternidad, del instante. ¿No hay una ausencia de vida en la experiencia de la eternidad, en esa victoria sobre el tiempo, en esa trascendencia de los momentos? Una transfiguración se efectúa, tiene lugar una desviación repentina de la vida hacia un nivel diferente en el que la antinomia y la dialéctica de las tendencias vitales son como purificadas. Quienes se hallan predispuestos a la contemplación de la eternidad, como por ejemplo los maestros orientales, ignoran los esfuerzos de interiorización que debemos realizar nosotros, que estamos profundamente contaminados por la temporalidad. Hasta la contemplación de la eternidad es para nosotros una fuente de visiones conquistadoras y de extraños encantos. Todo le está permitido al individuo que posee la conciencia de la eternidad, puesto que para él las diferenciaciones se fundan en una imagen de una monumental serenidad que parece ser el resultado de una gran renuncia. No sentimos por la eternidad la pasión que experimentamos por la mujer, por nuestro propio destino o por nuestra desesperación: pero la inclinación que tenemos por las regiones de la eternidad atrae como un impulso hacia la paz de una luz estelar.

Historia y eternidad

¿Por qué debería yo continuar viviendo en la historia, compartiendo los ideales de mi época, preocupándome de la cultura o de los problemas sociales? Estoy harto de la cultura y de la historia; me resulta ya casi imposible participar en los tormentos del mundo y en sus aspiraciones. Hay que superar la historia: ese estadio se alcanza cuando el pasado, el presente y el futuro no tienen ya la más mínima importancia y cuando nos es indiferente saber *dónde* y *en qué momento* vivimos. ¿Por qué es mejor vivir hoy que en el antiguo Egipto? Seríamos imbéciles redomados si deploráramos el destino de quienes han vivido en otras épocas, ignorando el cristianismo o las invenciones y descubrimientos de la ciencia. Como es imposible jerarquizar las concepciones de la vida, todo el mundo tiene razón y nadie la tiene. Cada época constituye un mundo en sí mismo, recluido en sus certezas, hasta que el dinamismo de la vida y la dialéctica de la historia desembocan en nuevas fórmulas tan limitadas e insuficientes como las anteriores. La historia me parece tan nula en su totalidad que me pregunto cómo hay gente que puede ocuparse exclusivamente del pasado. ¿Qué interés puede tener el estudio de los ideales caducos y de las creencias de nuestros predecesores? Por magníficas que sean las creaciones humanas, yo me desintereso totalmente de ellas. ¿Acaso la contemplación de la eternidad no me aporta, en efecto, un sosiego mucho mayor? No *hombre/historia,* sino *hombre/eternidad:* esa es la relación aceptable en un mundo en el que no merece la pena ni siquiera respirar. Nadie niega la historia por simple capricho; quien lo hace es a causa de inmensas tragedias, cuya existencia poca gente sospecha. Se imaginará que hemos pensado en la historia de manera abstracta antes de negarla mediante el razonamiento, cuando nuestra negación es, en realidad, el resultado de un profundo abatimiento. Cuando niego el pasado de la humanidad en su totalidad, cuando rehúyo participar en la vida histórica, me invade una amargura mortal, más dolorosa de lo que podría imaginarse. Estos pensamientos ¿actualizan e intensifican una tristeza latente? Siento en mí un sabor agrio a muerte y a nada, que me quema como un veneno violento. Estoy triste hasta el punto de que todo en este mundo me parece carente para siempre del menor encanto. ¿Cómo podría yo hablar aún de belleza y dedicarme a la estética cuando siento una tristeza total?

No quiero saber nada más. Superando la historia, adquirimos una especie de supraconciencia capital para la experiencia de la eternidad. Ella nos conduce, en efecto, hacia una región en la que las antinomias, las contradicciones y las incertidumbres de este mundo pierden su sentido, una región en la que se olvida la existencia y la muerte. Es el miedo a la muerte lo que motiva a los incondicionales de la eternidad: en efecto, la única ventaja real de la experiencia de lo eterno es que nos hace olvidar la muerte. Pero ¿qué sucede cuando la contemplación se acaba?

Dejar de ser hombre

Estoy cada vez más seguro de que el ser humano es un animal desgraciado, abandonado en el mundo, condenado a encontrar una manera de vivir propia, inédita en la naturaleza. Su supuesta libertad le hace sufrir más que cualquier forma de vida cautiva en la naturaleza. Nada tiene de extraño, por consiguiente, que el ser humano llegue a veces a estar celoso de una planta, de una flor. Para querer vivir como un vegetal, crecer enraizado, desarrollarse y luego marchitarse bajo el sol con una perfecta inconsciencia, para desear participar en la fecundidad de la tierra, ser una expresión anónima del curso de la vida, no hay que poseer la más mínima esperanza respecto al sentido que la humanidad pueda tener. ¿Por qué no cambiaría yo mi existencia por la de un vegetal? Sé ya lo que significa ser hombre, tener ideales y vivir en la historia: ¿qué puedo esperar aún de semejantes realidades? Ser hombre es ciertamente algo capital, trágico, dado que el hombre vive en una categoría de existencia radicalmente nueva, mucho más compleja y dramática que la de la naturaleza. A medida que nos alejamos de la condición del ser humano, la existencia pierde intensidad dramática. El hombre tiende constantemente a arrogarse el monopolio del drama y del sufrimiento; de ahí que la salvación represente para él un problema tan candente e insoluble. Yo no puedo sentir el orgullo de ser hombre, porque he vivido ese fenómeno hasta sus últimas consecuencias. Solo quienes no lo han vivido intensamente pueden sentirlo, puesto que no hacen más que seguir intentando llegar a ser hombres. La fascinación que sienten es totalmente natural: nada más comprensible que quienes apenas han superado el estadio animal o vegetal aspiren a la condición de seres humanos. Pero quienes saben lo que esta significa intentan convertirse en todo menos en eso. Si yo pudiera, adoptaría cada día una forma diferente de vida animal o vegetal, sería sucesivamente todas las especies de flores: rosa, espino, mala hierba, árbol tropical de ramas retorcidas, alga marina mecida por las olas, o vegetación de las montañas a merced del viento; o si no pájaro de canto melodioso o ave rapaz de grito estridente, ave migratoria o sedentaria, animal del bosque o doméstico. Me gustaría experimentar la vida de todas esas variedades de seres con un frenesí salvaje e inconsciente, recorrer toda la esfera de la naturaleza, transformarme con una gracia ingenua, sin afectación, como víctima de un proceso natural. ¡Cuánto me gustaría aventurarme en los nidos y en las grutas, en los desiertos montañosos y marinos, en las colinas y en las llanuras! Solo una evasión cósmica semejante, vivida según el arabesco de las formas vitales y lo pintoresco de las plantas, podría despertar en mí el deseo de volver a ser hombre. Porque, si la diferencia entre el animal y el ser humano consiste en que el primero no puede ser más que animal mientras que el segundo puede dejar de ser hombre —es decir, algo diferente de sí mismo—, yo soy entonces la negación de un ser humano.

Magia y fatalidad

Me cuesta imaginar la alegría de quienes poseen una sensibilidad mágica —esos individuos que sienten que lo pueden todo y para quienes ninguna resistencia es irreductible ni ningún obstáculo insuperable—. La magia supone una comunión tan estrecha con la existencia que toda manifestación subjetiva se reduce a una pulsación de la vida. La magia posee la plenitud de una integración en el flujo vital. La sensibilidad mágica no puede desembocar sino en la alegría, dado que lo fatal no forma parte de la estructura interna de la existencia. Sentirse capaz de todo, dominar lo absoluto, ver la propia exuberancia confundirse con la del mundo, sentir palpitar en sí mismo frenéticamente el ritmo universal, y que se está unido al todo, concebir la existencia solo en la medida en que ella estimula, ver el sentido de este mundo actualizarse en cada instante con su expresión más perfecta, en todo ello se realiza una forma de alegría difícilmente imaginable de la que solo gozan los seres que poseen una sensibilidad mágica. Las enfermedades no existen para la magia, o si existen son consideradas como curables, nunca invencibles. El optimismo mágico lo considera todo desde el punto de vista de la equivalencia: de ahí que sea ilusorio intentar individualizar la enfermedad para aplicarle un tratamiento específico. La magia impugna y refuta todo lo negativo, todo lo que posea una esencia demoniaca en la dialéctica de la vida. Quien goza de ese tipo de sensibilidad no comprende en absoluto las grandes realizaciones dolorosas, no entiende la miseria, el destino y la muerte. Las ilusiones de la magia niegan *lo irreparable* del mundo, rechazan la muerte como realidad fatal y universal. Subjetivamente, este fenómeno sume al ser humano en un estado de beatitud y de exaltación eufórica: pues vive a partir de ese momento como si no fuera a morir nunca. Ahora bien, todo el problema de la muerte reside en la conciencia que de ella tenga el sujeto: para quien carece de dicha conciencia, entrar en la nada no tiene la más mínima importancia. Por el contrario, el paroxismo de la conciencia se alcanza mediante el sentimiento constante de la muerte.

Infinitamente complejos son los seres que poseen la conciencia de la fatalidad, esos seres para quienes lo insoluble y lo irreparable existen, que comprenden que lo irremediable representa un aspecto esencial del mundo. Pues todas las realidades capitales se hallan bajo la influencia de la fatalidad, la cual proviene de la incapacidad de la vida de superar sus condiciones y límites inmanentes. La magia es ciertamente útil para las cosas poco importantes, no esenciales; pero carece de valor alguno ante las realidades de orden metafísico, las cuales exigen con mucha frecuencia el silencio —condición que la sensibilidad mágica es incapaz de satisfacer—. Vivir con la conciencia aguda de la fatalidad, de nuestra propia impotencia ante los grandes problemas que no podemos plantearnos sin implicarnos en ellos trágicamente, equivale a enfrentarse directamente con la interrogación capital que se erige ante este mundo.

La inconcebible alegría

Pretendéis que la desesperación y la agonía solo son preliminares, que el ideal consiste en superarlas, que cuando se vive durante mucho tiempo sometido a su influencia se vuelve uno un autómata. Pensáis que la alegría es la única salvación, y despreciáis todo lo demás. Calificáis la obsesión por la agonía de egoísmo y para vosotros solo es generosa la alegría. Y esa alegría nos la ofrecéis; pero ¿cómo queréis que la aceptemos viniendo del exterior? Porque mientras ella no surja de nosotros mismos, mientras no brote de nuestros propios recursos y de nuestro propio ritmo, las intervenciones exteriores no sirven para nada. ¡Qué fácil es recomendar la alegría a quienes no pueden regocijarse! ¿Y cómo regocijarse cuando somos torturados a todas horas por la obsesión de la locura? ¿Se dan cuenta quienes proponen la alegría a cada momento de lo que significa el temor de un hundimiento inminente, el suplicio constante de ese terrible presentimiento? A ello se añade la conciencia de la muerte, más persistente aún que la de la locura. Admito que la alegría sea un estado paradisiaco, pero ese estado solo puede alcanzarse mediante una evolución natural. Es posible que superemos un día la obsesión por los instantes de agonía y penetremos en un paraíso de serenidad. ¿Permanecerán las puertas del Edén, en efecto, cerradas para siempre ante mí? Hasta hoy no he encontrado su llave.

Puesto que no podemos regocijarnos, solo nos queda el camino del sufrimiento, el de una loca exaltación ilimitada. ¡Llevemos, pues, la experiencia de los instantes de agonía hasta su expresión última, vivamos el paroxismo de nuestro drama interior! No subsistirá entonces más que una tensión suprema, que desaparecerá a su vez para solo dejar tras ella una estela de humo... Porque nuestro fuego interior habrá acabado por consumirlo todo. La alegría no necesita justificación, representa un estado demasiado puro y generoso para que nosotros hagamos su elogio. Siendo los desesperados orgánicos incapaces de experimentarla, la alegría ejerce sobre los desesperados ocasionales suficiente encanto como para prescindir de una justificación. La complejidad de la desesperación absoluta es infinitamente mayor que la de la alegría absoluta. ¿Es esa la razón por la cual las puertas del paraíso son demasiado estrechas para quienes han perdido la esperanza?

Ambigüedad del sufrimiento

Todo el mundo, tras haber vencido el dolor o la enfermedad, siente, en el fondo de su alma, una nostalgia —aunque sea muy vaga, muy tenue—. A pesar de que deseen restablecerse, quienes sufren larga e intensamente se sienten siempre obligados a considerar como una pérdida su probable curación. Cuando el dolor forma parte integrante del ser, su superación suscita necesariamente la nostalgia, como la que se siente ante algo desaparecido. Lo mejor que yo poseo en mí, y también lo que he perdido, se lo debo al sufrimiento. De ahí que no se le pueda ni amar ni condenar. Yo experimento ante él un sentimiento particular, difícil de definir, pero que posee el encanto y el atractivo de una luz crepuscular. La beatitud alcanzada mediante el sufrimiento no es más que una ilusión, porque ella exigiría la reconciliación con la fatalidad del dolor, para evitar la destrucción. En esa beatitud ilusoria residen los últimos recursos de la vida. La única concesión que puede hacerse al sufrimiento consiste en la nostalgia de la curación, pero esa nostalgia, demasiado vaga y difusa, no puede cristalizarse en la conciencia. Todo dolor que se extingue provoca un sentimiento de turbación, como si el regreso al equilibrio prohibiera para siempre el acceso a regiones torturadoras y fascinantes a la vez que no se pueden abandonar sin cierta añoranza. Puesto que el sufrimiento no nos ha revelado la belleza, ninguna otra luz puede ya seducirnos. ¿Nos atraen aún las tinieblas del sufrimiento?

Polvo nada más

Veo tantas razones para negar que la vida tiene un sentido que sería inútil enumerarlas: la desesperación, lo infinito y la muerte son solo las más evidentes. Pero hay muchos otros elementos íntimos que nos conducen tanto como esos a negar totalmente el sentido de la vida... Frente a la existencia lo verdadero y lo falso dejan de ser importantes, y solo lo es nuestra reacción personal. Subjetivismo, se dirá. ¡Qué más da! ¿Acaso la experiencia subjetiva no nos eleva al nivel de la universalidad, como el instante al de la eternidad? ¡Los seres humanos aprecian tan poco la soledad...! Se apresuran a decretar la esterilidad de todo lo que procede de ella: solo se apegan a los valores sociales, por lo halagados que se sienten creyendo haber colaborado todos en ellos. Cada ser desea *hacer* algo en la vida, y sobrevivir gracias a sus realizaciones. ¡Como si ellas no fueran a acabar reducidas a polvo!

Todo me deja insatisfecho. Incluso si fuera elegido Dios, dimitiría inmediatamente; si el mundo se redujese a mí, si yo fuera el mundo entero, me rompería a mí mismo en mil pedazos, me haría estallar. ¿Cómo es posible que pueda llegar a conocer instantes en los que tengo la impresión de comprenderlo absolutamente todo?

El entusiasmo como forma de amor

Hay individuos en los que la vida adopta formas de una pureza, de una nitidez difíciles de imaginar para quienes son víctimas de las contradicciones y del caos. Padecer conflictos interiores, consumirse en un drama íntimo, soportar un destino dominado por lo irremediable equivale a vivir una vida de la que toda claridad se halla proscrita. Los seres cuya existencia se desarrolla sin dificultades ni obstáculos alcanzan un estado de paz y de satisfacción en el que el mundo parece luminoso, cautivador. ¿No son esos los efectos del entusiasmo, ese estado que inunda el mundo con un resplandor lleno de alegrías y de encantos? El entusiasmo hace descubrir una forma particular del amor, y revela una manera nueva de entregarse al mundo. El amor posee tantos semblantes, tantas desviaciones, tantos aspectos diferentes que resulta difícil aislar su núcleo o su forma esencial. Es capital para toda erótica identificar la manifestación original del amor, la manera primordial que tiene de realizarse. Se habla de amor entre los sexos, de amor a la divinidad, al arte o a la naturaleza, se habla también del entusiasmo como forma de amor, etc. Pero ¿cuál es su manifestación característica, aquella de la que las demás dependen, por no decir se derivan? Los teólogos sostienen que la forma primordial del amor es el *amor dei:* los demás no serían más que sus pálidos reflejos. Algunos panteístas de tendencias estetizantes optan por la naturaleza, y los estetas puros por el arte. Para los adeptos a la biología es la sexualidad como tal, sin afectividad; para algunos metafísicos, por último, es el sentimiento de la identidad universal. Sin embargo, nadie probará que la forma de amor que defiende es realmente constitutiva del ser humano, pues a nivel de la historia esa forma ha variado tanto que nadie puede determinar su carácter específico. Por lo que a mí respecta, pienso que su forma esencial es el amor entre el hombre y la mujer, el cual, lejos de reducirse a la sexualidad pura, implica todo un conjunto de estados afectivos cuya riqueza es fácilmente comprensible. ¿Quién se ha suicidado a causa de Dios, de la naturaleza o del arte, todas realidades demasiado abstractas para que puedan ser amadas con intensidad? El amor es tanto más intenso cuanto que se halla vinculado a lo individual, a lo concreto, a lo único; se ama a una mujer por lo que la diferencia en el mundo, por su singularidad: en los instantes de amor supremo nada podría reemplazarla. Todas las demás formas de amor, a pesar de que tiendan a ser autónomas, participan de ese amor central. De ahí que el entusiasmo sea considerado como independiente de la esfera del Eros, cuando en realidad sus raíces se hunden en la sustancia misma del amor, y ello a pesar de su poder de liberación. Toda persona entusiasta posee una receptividad cósmica, universal, una capacidad de asimilarlo todo, de orientarse en todas las direcciones y de participar en todo con una vitalidad desbordante, y ello únicamente por la mera voluptuosidad de la realización y la pasión de actuar. El entusiasta ignora los criterios, las perspectivas, el cálculo; solo conoce el abandono, el suplicio y la abnegación. La alegría de la realización, la ebriedad de la eficacia son las características esenciales de ese tipo humano, para el que la vida es un impulso que eleva a una altura en la que las fuerzas de destrucción pierden vigor. Todos tenemos momentos de entusiasmo, pero demasiado raramente para que puedan definirnos. Hablo de un entusiasmo a prueba de todo: el entusiasmo que no conoce en absoluto la derrota, pues no hace ningún caso del objeto y goza de la iniciativa y de la actividad como tal, el entusiasmo que se lanza a una acción no por haber meditado su sentido o su utilidad, sino porque no puede dejar de hacerlo. Sin serle obligatoriamente indiferentes, el éxito o el fracaso no estimulan ni disuaden nunca al entusiasta: él es la última persona del mundo que fracasa. La vida es mucho menos mediocre y fragmentaria en su esencia de lo que suele pensarse: ¿no es esa la razón por la que no hacemos más que venir a menos, perder la vivacidad de nuestros impulsos e imponernos formas, esclerosándonos en detrimento de la productividad, del dinamismo interior? La pérdida de la fluidez vital destruye nuestra receptividad y nuestra capacidad de adherirnos generosamente a la vida. Solo el entusiasta permanece vivo hasta la vejez: los demás, cuando no han nacido mortinatos —como la mayoría de la gente—, mueren prematuramente. Nada más raro que un verdadero entusiasta... ¿Podríamos imaginar un mundo en el que todos los seres humanos estuviesen enamorados de todo? Sería un mundo más atractivo que la imagen misma del paraíso, puesto que el exceso de lo sublime y de la generosidad supera toda visión edénica. Las capacidades del entusiasta para renacer constantemente le sitúan más allá de las tentaciones demoniacas, del miedo a la nada y del martirio de la agonía. Su vida ignora lo trágico, pues el entusiasmo constituye la única forma de existencia que es enteramente opaca al sentimiento de la muerte. Incluso en la gracia —esa forma tan cercana al entusiasmo—, el desconocimiento, la indiferencia orgánica y la ignorancia irracional de la muerte tienen menos fuerza. Hay en la gracia mucho encanto melancólico, mientras que el entusiasmo carece totalmente de él. Mi admiración sin límites por los entusiastas proviene de mi incapacidad para comprender su existencia en un mundo donde la muerte, la nada, la tristeza y la desesperación componen un séquito siniestro. Que existan personas incapacitadas para la desesperación es algo que turba e impresiona. ¿Cómo es posible que el entusiasta sea indiferente al objeto? ¿Cómo puede ser movido únicamente por la plenitud y el exceso? ¿Y en qué consiste esa extraña y paradójica realización que el amor alcanza mediante el entusiasmo? Pues el amor, cuanta más intensidad posee, más individual es. Quienes viven una gran pasión no pueden amar a varias mujeres a la vez: cuanta más fuerza tiene la pasión, más se impone su objeto. Intentemos imaginar una pasión desprovista de objeto, un hombre sin una mujer en la que concentrar su amor, por ejemplo: ¿qué quedaría, sino una plenitud de amor? ¿Acaso no hay hombres dotados de grandes potencialidades amorosas pero que no han amado nunca con ese amor primordial, original? El entusiasmo es un amor sin objeto individualizado. En lugar de dirigirse hacia los demás, en él las virtualidades amorosas se difunden en manifestaciones generosas, en una especie de receptividad universal.

El entusiasmo es, en efecto, un producto superior del Eros en el que el amor no se consume en el culto recíproco de los sexos, sino que convierte al entusiasta en un ser desinteresado, puro e inaccesible. De todas las formas del amor, el entusiasmo es la más exenta de sexualidad, más aún que el amor místico, el cual no puede liberarse del simbolismo sexual. Por ello el entusiasmo protege de la inquietud y de la vaguedad que transforman la sexualidad en una característica de lo trágico del ser humano. El entusiasta es una persona particularmente insensible a los problemas. Puede comprender muchas cosas, pero no las incertidumbres dolorosas ni la sensibilidad caótica del ser torturado. Los seres problemáticos no pueden resolver nada, puesto que no aman nada. Imposible, pues, encontrar en ellos esa capacidad de abandono, esa paradoja del amor como estado puro, esa actualidad permanente y total que en cada instante abre a todo, esa irracionalidad ingenua. El mito bíblico sobre el pecado del conocimiento es el más profundo que la humanidad haya imaginado nunca. La euforia de los entusiastas se debe, precisamente, al hecho de que ignoran la tragedia del conocimiento. ¿Por qué no decirlo? El conocimiento se confunde con las tinieblas. Yo renunciaría de buen grado a todos los problemas sin solución a cambio de una dulce e inconsciente ingenuidad. El espíritu no eleva: *desgarra.* En el entusiasmo —al igual que en la gracia o en la magia— el espíritu no se opone antinómicamente a la vida. El secreto de la felicidad reside en esa indivisión inicial que mantiene una unidad inatacable, una convergencia orgánica. El entusiasta ignora la dualidad —ese veneno—. De ordinario la vida permanece fecunda únicamente a costa de tensiones y de antinomias, de todo lo que tiene algo que ver con el combate. El entusiasmo, por su parte, supera ese combate para elevarse por encima de lo trágico, para realizar un amor exento de sexualidad.

Luz y tinieblas

La nulidad de las interpretaciones filosóficas e históricas en materia de religión se manifiesta en su total incomprensión de lo que significa el dualismo de la luz y de las tinieblas en las religiones orientales y en la mística en general. La alternancia regular del día y de la noche —aquel, principio de vida, esta de misterio y de muerte— ha inspirado al parecer la traducción de la luz y de las tinieblas en principios metafísicos. Nada más evidente a primera vista; sin embargo, para quien busca razones profundas, esas interpretaciones resultan insuficientes. La cuestión de la luz y de las tinieblas se halla de hecho asociada con la de los estados extáticos. Ese dualismo solo adquiere valor explicativo para quien ha conocido la obsesión y la cautividad, para quien ha estado sometido, simultánea o sucesivamente, a las fuerzas de la luz y de las tinieblas. Los estados extáticos hacen bailar en la oscuridad, insólitamente, las sombras con los destellos; mezclan, en una visión dramática, relámpagos con sombras fugitivas y misteriosas, haciendo variar los matices de la luz hasta en las tinieblas. Sin embargo, no es ese despliegue lo que impresiona, sino el hecho de que seamos dominados, invadidos y estemos obsesionados por él. Se alcanza el culmen del éxtasis en la sensación final, cuando creemos morir a causa de la luz y de las tinieblas. Curiosamente, la visión extática hace desaparecer todos los objetos que nos rodean, todas las formas corrientes de individualización; no queda entonces más que una proyección de sombras y de luces. Resulta difícil explicar cómo se llevan a cabo esa selección y esa purificación, y de qué manera son compatibles su poder de fascinación y su inmaterialidad. La exaltación extática implica un elemento demoniaco. Y cuando del éxtasis de este mundo no quedan más que la luz y las tinieblas, ¿cómo evitar el hecho de atribuirles un carácter absoluto? La frecuencia de los estados extáticos en Oriente y la mística de todas las épocas pueden probar nuestra hipótesis. Resulta imposible hallar lo absoluto fuera de uno mismo; sin embargo, el éxtasis, ese paroxismo de la interioridad, solo revela destellos y sombras internas. En comparación con ellos, el día y la noche parecen más que pálidos. Los estados extáticos adoptan un aspecto tan esencial que hacen surgir, cuando alcanzan las regiones profundas de la existencia, una cegadora alucinación metafísica. El éxtasis no afecta más que a las esencias puras y, por ello, inmateriales. Pero esa inmaterialidad produce vértigos y obsesiones, de los cuales solo se libra uno convirtiéndolos en principios metafísicos.

La renuncia

Has conocido la vejez, el dolor y la muerte, y has concluido que el placer es una ilusión, que los epicúreos, víctimas de esa ilusión —la mayor que existe—, no comprenden nada sobre la inestabilidad de las cosas. Entonces has huido del mundo, convencido del carácter efímero de la belleza y de todos los encantos de la vida. No volveré, dijiste, mientras no haya evitado el nacimiento, la vejez y la muerte.

Hay mucho orgullo y sufrimiento en la renuncia. En lugar de retirarte discretamente, sin odio ni rebeldía, denuncias la ignorancia y las debilidades de los demás, condenas el placer y las voluptuosidades en los que los hombres se complacen. Quienes han renunciado al mundo para consagrarse al ascetismo han actuado así, convencidos de haber superado radicalmente las miserias humanas. El sentimiento de tener acceso a una eternidad subjetiva les ha hecho creer en una liberación total. Sin embargo, su impotencia para liberarse realmente se adivina en su condena del placer y su desprecio por quienes no viven más que por vivir. Incluso en el caso de que yo tuviera que retirarme al desierto más horrible, y renunciar a todo para no conocer más que la soledad total, jamás me atrevería a despreciar el placer y a sus adeptos. Puesto que la renuncia y la soledad no pueden conducirme a la eternidad, puesto que estoy condenado a morir como todo el mundo, ¿por qué despreciaría a alguien, por qué esgrimiría yo mi propio camino como si fuera el único válido? ¿Acaso los profetas no carecen por completo de capacidad de comprensión y de discernimiento? Percibo el dolor, la vejez y la muerte, y me doy cuenta de que es imposible evitarlos. Pero ¿por qué iría yo a turbar el placer ajeno? Ciertamente, solo la renuncia podría seducir a quien se ha hallado confrontado a semejantes realidades y las vive estando convencido de su perennidad. Es cierto que el sufrimiento conduce a la renuncia; sin embargo, yo nunca condenaría la alegría de otra persona, aunque la lepra me devorase. En la condena hay siempre una buena parte de envidia. El budismo y el cristianismo no son más que venganza y envidia hacia quienes sufren. *Siento ya que en mi agonía no podré hacer más que la apología de la orgía.* No recomiendo la renuncia a nadie, pues muy pocas personas logran, cuando se hallan en el desierto, superar la obsesión por lo efímero. Allí, igual que aquí, la precariedad de las cosas conserva el mismo atractivo doloroso. No olvidemos que las ilusiones de los grandes solitarios fueron más quiméricas aún que las de los ingenuos y los ignorantes. Tan amarga es la idea de la renuncia que resulta extraño que el ser humano haya podido concebirla. Quien no haya sentido, en los accesos de desesperación, un escalofrío gélido recorrerle el cuerpo, una sensación de abandono a lo ineluctable, de muerte cósmica y de nada, de vacío subjetivo y de inexplicable inquietud, ignora los terribles preliminares de la renuncia.

Pero ¿cómo renunciar? ¿Adónde ir para no abandonarlo todo de golpe (aunque esa sea la única renuncia verdadera)? No podemos ya encontrar un desierto exterior; carecemos del decorado de la renuncia. Incapaces de vivir libres bajo el sol sin pensar en otra cosa que en la eternidad, ¿cómo llegar a ser santos a cubierto? Es un drama eminentemente moderno el hecho de solo poder renunciar mediante el suicidio. Pero, si nuestro desierto interior pudiera materializarse, ¿no nos anonadaría su inmensidad?

¿Por qué no estallar? ¿No existe en mí energía suficiente para hacer temblar al universo, locura suficiente para aniquilar la mínima claridad? ¿Acaso mi única alegría no es la del caos, y mi mayor placer el impulso que me destruye? ¿Acaso mis ascensiones no son caídas y mi pasión mi propia explosión? ¿No soy capaz de amar sin autodestruirme? ¿Soy un ser herméticamente cerrado a los estados puros? ¿Contendría mi amor tanto veneno? Debo abandonarme completamente a mi frenesí, no volver a pensar en él para experimentarlo con el exceso más total. ¿Acaso no he combatido la muerte suficientemente? ¿Debo además soportar que el Eros sea mi enemigo? ¿Por qué siento tanto temor cuando el amor resucita en mí, por qué me entran ganas de aniquilar al mundo para detener el progreso de ese amor? Mi desgracia consiste en que deseo ser decepcionado en amor para tener nuevas razones de sufrir. Pues solo el amor nos revela nuestra degradación. Quien ha visto la cara a la muerte ¿puede aún amar? ¿Puede morir de amor?

Los beneficios del insomnio

De la misma manera que el éxtasis nos purga de lo individual y de lo contingente no salvando más que la luz y las tinieblas, las noches de insomnio destruyen la multiplicidad y la diversidad del mundo para dejarnos a solas con nuestras obsesiones. ¡Qué extraño hechizo el de esas melodías que brotan de nosotros mismos durante las noches que pasamos en vela! El ritmo y la evolución sinuosa de un canto interior se apoderan de nosotros en una especie de encanto que no puede alcanzar el éxtasis, dado que hay en ese desencadenamiento melancólico demasiada nostalgia. Pero ¿nostalgia de qué? Resulta difícil decirlo, pues los insomnios son demasiado complicados para que podamos darnos cuenta de lo que hemos perdido. Quizás ello sea debido a que la pérdida es infinita... Durante las vigilias, la presencia de un pensamiento o de un sentimiento se impone de manera exclusiva. Todo sucede entonces en un registro melódico. El ser amado se inmaterializa: ¿es un sueño o es real? Lo que esa conversión melódica toma prestado de la realidad suscita en el alma una confusión que, siendo demasiado poco intensa para conducir a una ansiedad universal, conserva la huella de la música. Incluso la muerte, sin dejar de ser odiosa, se manifestó en esa inmensidad nocturna, cuya transparencia evanescente, a pesar de ser ilusoria, no por ello es menos musical. Sin embargo, la tristeza de esa noche universal es exactamente igual que la tristeza de la música oriental, en la cual el misterio de la muerte predomina en detrimento del misterio del amor.

Transustanciación del amor

Lo irracional desempeña un papel capital en el nacimiento del amor, al igual que la impresión de fundirse, de disolverse, en la *sensación* del amor. El amor es una forma de comunión y de intimidad: nada podría expresarlo mejor que el fenómeno subjetivo de la disolución, del derrumbamiento de todas las barreras de la individualización. ¿Acaso el amor no es a la vez, paradójicamente, lo universal y lo singular por excelencia? La verdadera comunión solo puede realizarse a través de lo individual. Amo a un ser, pero como este es el símbolo del todo, participo de la esencia del todo de manera ingenua e inconsciente. Esta participación universal supone la especificación del objeto, pues no puede existir un acceso a lo total sin el acceso absoluto a un ser individual. La vaguedad y la exaltación del amor surgen de un presentimiento, de la presencia irracional en el alma del amor en general, que alcanza entonces su paroxismo. El amor verdadero es una cumbre que la sexualidad no menoscaba. ¿Acaso la sexualidad no alcanza también cimas? ¿No permite paroxismos únicos? Sin embargo, ese curioso fenómeno que es el amor expulsa la sexualidad del centro de la conciencia, a pesar de que no se pueda concebir un amor sin sexualidad. El ser amado crece entonces en nosotros, purificado y obsesionante, aureolado de trascendencia y de intimidad, las cuales convierten la sexualidad en algo marginal, si no de hecho, al menos subjetivamente. Entre los sexos no hay amor espiritual, sino una transfiguración carnal en la que la persona amada se identifica con nosotros hasta producirnos la ilusión de la espiritualidad. Entonces únicamente surge la sensación de disolución, en la que la carne tiembla con un estremecimiento total y deja de ser resistencia y obstáculo para abrasarse gracias a un fuego interior, para fundirse y perderse.

El hombre, animal insomne

Alguien ha dicho que el sueño equivale a la esperanza: intuición admirable de la importancia tremenda del sueño —como asimismo del insomnio—. Este representa una realidad tan colosal que me pregunto si el ser humano no sería un animal incapacitado para el sueño. ¿Por qué calificarlo de animal razonable cuando se puede encontrar en ciertos animales tanta razón como se quiera? Por el contrario, no existe en toda la naturaleza otro animal que *desee* dormir sin lograrlo. El sueño hace olvidar el drama de la vida, sus complicaciones, sus obsesiones; cada despertar es un nuevo comienzo y una nueva esperanza. La vida conserva así una agradable discontinuidad, que da la impresión de una regeneración permanente. Los insomnios engendran, por el contrario, el sentimiento de la agonía, una tristeza incurable, la desesperación. Para el ser humano que goza de buena salud —es decir, el animal—, es inútil interrogarse sobre el insomnio: él ignora la existencia de individuos que lo darían todo por adormecerse, seres obsesos de la cama que sacrificarían un reino por volver a hallar la inconsciencia que la terrorífica lucidez de las vigilias les ha brutalmente arrebatado. El vínculo que existe entre el insomnio y la desesperación es indisoluble. Pienso incluso que la pérdida total de la esperanza es inconcebible sin la colaboración del insomnio. La única diferencia existente entre el paraíso y el infierno es que en el primero se puede dormir todo lo que se quiera, mientras que en el segundo no se duerme nunca. ¿Acaso Dios no castigó al hombre quitándole el sueño y dándole el conocimiento? ¿No es la privación del sueño el mayor castigo que existe? Resulta imposible amar la vida cuando no se puede dormir. Los locos padecen frecuentemente de insomnio; de ahí sus terribles depresiones, su asco por la vida y su tendencia al suicidio. Pero esa sensación de hundirse, como un buzo de la nada, en las profundidades —sensación propia de las vigilias alucinadas—, ¿no sería una especie de locura? Quienes se suicidan arrojándose al agua o precipitándose en el vacío actúan movidos por un impulso ciego, locamente atraídos por el abismo. Quienes no han conocido nunca semejantes vértigos no pueden comprender la irresistible fascinación de la nada que conduce a algunos seres a la renuncia suprema.

Hay en mí más confusión y caos de lo que el alma humana debería soportar. Podéis encontrar en mí todo lo que queráis. Soy un fósil de los comienzos del mundo en el que los elementos no se cristalizaron y en el que continúa aún la loca efervescencia del caos inicial. Soy la contradicción absoluta, el paroxismo de las antinomias y el límite de las tensiones; en mí todo es posible, pues soy el hombre que se reirá en el momento supremo, en la agonía final, en la hora de la última tristeza.

Lo absoluto en el instante

El tiempo solo puede anularse viviendo el instante íntegramente, abandonándose a sus encantos. Se realiza así el *eterno presente:* el sentimiento de la presencia eterna de las cosas. El tiempo, el devenir, a partir de entonces nos son indiferentes. El eterno presente es *existencia,* pues solo durante esta experiencia radical la existencia adquiere evidencia y positividad. Arrancado a la sucesión de los instantes, el presente es producción de ser, superación del vacío. Dichosos los que pueden vivir en el instante, sentir el presente constantemente, atentos únicamente a la beatitud del momento y al arrobamiento que procura la presencia íntegra de las cosas... Y el amor ¿no alcanza lo absoluto del instante? ¿No sobrepasa la temporalidad? Quienes no aman con un abandono espontáneo son frenados por su tristeza y su angustia, pero también por su incapacidad de superar la temporalidad. ¿No ha llegado ya la hora de declararle la guerra al tiempo, nuestro enemigo común?

La verdad, ¡qué palabra!

La mayor estupidez que el espíritu humano ha podido concebir es la idea de la liberación mediante la supresión del deseo. ¿Por qué frenar la vida, por qué destruirla para obtener un beneficio tan estéril como la indiferencia total y una liberación ilusoria? ¿Cómo se osa hablar aún de la vida cuando se la ha aniquilado en uno mismo? Estimo más al individuo de deseos contrariados, desgraciado en amor y desesperado, que al sabio impasible y orgulloso. Se debería liquidar a todos los sabios de la tierra para que la vida pueda continuar existiendo tal como es, ciega e irracional.

Odio la sabiduría de esos hombres a quienes las verdades no les afectan, y que no sufren a causa de sus nervios, de su carne y de su sangre. Solo amo las verdades vitales, las verdades viscerales que provienen de nuestra inquietud. Todos aquellos que piensan de manera vital tienen razón, pues no podrán encontrarse argumentos decisivos contra ellos. Y, si se encontraran, no resistirían a una utilización abusiva. Que haya personas que buscan aún encarnizadamente *la* verdad me deja estupefacto. ¿No se ha comprendido todavía que no existe?

La belleza de las llamas

El encanto de las llamas subyuga gracias a un movimiento extraño que se halla más allá de la armonía, de las proporciones y de las medidas. Su ímpetu impalpable ¿no simboliza acaso la tragedia y la gracia, la desesperación y la ingenuidad, la tristeza y la voluptuosidad? ¿No encontramos en su devoradora transparencia y su abrasadora inmaterialidad el vuelo y la levedad de las grandes purificaciones y de los incendios interiores? Me gustaría ser levantado por la trascendencia de las llamas, ser zarandeado por sus ondas delicadas e insinuantes, flotar sobre un mar de fuego, consumirme en una muerte de sueño. La belleza de las llamas produce la ilusión de una muerte pura y sublime, semejante a una aurora. Inmaterial, la muerte en las llamas evoca alas incandescentes. ¿Es posible que solo las mariposas mueran así? ¿Y quién muere a causa de sus propias llamas?

Miseria de la sabiduría

Odio a los sabios por su complacencia, su cobardía y su reserva. Amo infinitamente más las pasiones devastadoras que un talante uniforme que vuelve insensible al ser tanto respecto al placer como respecto al dolor. El sabio ignora lo trágico de la pasión y el temor a la muerte, de la misma manera que desconoce la fuerza y el riesgo, el heroísmo bárbaro, grotesco o sublime. El sabio se expresa con máximas y da consejos. No vive nada, no siente nada, no desea ni espera. Se complace en nivelar los diversos contenidos de la vida y asume todas sus consecuencias. Mucho más complejos me parecen aquellos seres que, a pesar de esa nivelación, no cesan sin embargo de atormentarse. La existencia del sabio es una existencia vacía y estéril, pues se halla desprovista de antinomias y de desesperación. Las existencias que se consumen a causa de contradicciones insuperables son mucho más fecundas. La resignación del sabio procede del vacío y no del fuego interior. Yo prefiero mil veces más morir a causa de ese fuego que a causa del vacío y de la resignación.

El retorno al caos

¡Marcha atrás hacia el caos inicial, retorno a la confusión primordial, al *maelstrom* originario! ¡Lancémonos hacia el torbellino anterior a la aparición de las formas! Que nuestros sentidos palpiten gracias a ese esfuerzo, a esa demencia, a ese arrebato, a esos abismos. Que desaparezca todo lo que existe, para que en esa confusión y ese desequilibrio podamos alcanzar plenamente el vértigo total, remontándonos desde el cosmos hasta el caos, desde la naturaleza hasta la indivisión original, desde la forma hasta el torbellino. La desintegración del mundo obedece a un proceso contrario a la evolución: un apocalipsis invertido, pero brotando de las mismas aspiraciones. Porque nadie desea el regreso al caos si no ha experimentado plenamente los vértigos del apocalipsis.

Qué inmensos son mi terror y mi alegría cuando imagino que soy atrapado bruscamente por el tumulto del caos primigenio, por su confusión y su paradójica geometría; la única geometría caótica, sin excelencia formal ni de sentido.

El vértigo, sin embargo, aspira a la forma, de la misma manera que el caos posee virtualidades cósmicas. Me gustaría vivir en el comienzo del mundo, en el torbellino demoniaco de las turbulencias primordiales; que nada de lo que en mí es veleidad de forma se realizase; que todo vibrase con un estremecimiento primitivo, como un despertar de la nada.

Yo solo puedo vivir en el comienzo o en el fin del mundo.

Ironía y autoironía

Cuando lo hemos negado todo frenéticamente y hemos aniquilado radicalmente las formas de existencia, cuando un exceso de negatividad ha acabado por liquidarlo todo, ¿a quién atacar, sino a nosotros mismos? ¿De quién reírse y a quién compadecer? Cuando el mundo entero se ha derrumbado ante nosotros, nosotros también nos derrumbamos irremediablemente. La infinitud de la ironía anula todos los contenidos de la vida. No la ironía elegante, inteligente y sutil que procede de un sentimiento de superioridad o de orgullo fácil —esa ironía que algunos utilizan para manifestar ostensiblemente la distancia que les separa del mundo—, sino la ironía amarga de la desesperación. Pues la única ironía digna de ese nombre es la que sustituye a una lágrima o a un espasmo, por no decir a una risa sarcástica y criminal. La ironía de quienes han sufrido no tiene nada en común con la ironía fácil de los diletantes. La primera demuestra una incapacidad para participar inocentemente en la existencia debida a una pérdida definitiva de los valores vitales; los diletantes, por su parte, no padecen esa imposibilidad, dado que ignoran el sentimiento que produce semejante pérdida. La ironía refleja una crispación interior, una carencia de amor, una ausencia de comunión y de comprensión humanas; equivale a un desprecio disimulado. La ironía desdeña el gesto ingenuo y espontáneo, puesto que se sitúa más allá de la inocencia y de lo irracional. Contiene sin embargo una fuerte dosis de envidia por los ingenuos. Incapaz de manifestar su admiración por la sencillez a causa de un orgullo desmesurado, la ironía desprecia, envidia y envenena. De ahí que la ironía trágica de la agonía me parezca mucho más auténtica que una ironía escéptica. Resulta significativo que la ironía practicada con uno mismo solo adopte la forma trágica de la ironía. Esa es una clase de ironía que no se logra mediante sonrisas: únicamente con suspiros, aunque sean totalmente reprimidos. La autoironía es, en efecto, una expresión de la desesperación: habiendo perdido este mundo, nos perdemos a nosotros mismos. Una carcajada siniestra acompaña entonces cada uno de nuestros gestos; sobre las ruinas de las sonrisas dulces y afectuosas de la ingenuidad se eleva la sonrisa de la agonía, más crispada que la de las máscaras primitivas y más solemne que la de los rostros egipcios.

Sobre la miseria

Convencido de que la miseria se halla íntimamente unida a la existencia, no puedo adherirme a ninguna doctrina humanitaria. Considero que todas ellas son igualmente ilusorias y quiméricas. Hasta el silencio me parece un grito. Los animales —que viven todos de sus propios esfuerzos— no conocen la miseria, pues ignoran la jerarquía y la explotación. Este fenómeno aparece solo con el hombre, el único animal que ha esclavizado a sus semejantes; solamente el ser humano es capaz de tanto *desprecio de sí mismo*.

Toda la caridad del mundo no hace más que subrayar la miseria que hay en él, haciéndola aún más escandalosa que el desamparo absoluto. Ante la miseria, igual que ante las ruinas, deploramos una ausencia de humanidad, lamentamos que los seres humanos no cambien radicalmente lo que podrían cambiar. Ese sentimiento va unido al de la eternidad de la miseria, al de su carácter ineluctable. Sabemos que los hombres podrían suprimir la miseria y a la vez somos conscientes de su permanencia y acabamos experimentando una inquietud inhabitual y amarga, un estado de ánimo confuso y paradójico, en el que vemos toda la inconsistencia y la mezquindad del ser humano. La miseria objetiva de la vida social no es, en efecto, más que el pálido reflejo de una miseria interior. Solo con pensar en ello pierdo las ganas de vivir. Debería tirar mi pluma para irme a alguna chabola en ruinas. Una desesperación mortal me invade cuando evoco la terrible miseria del ser humano, su podredumbre y su gangrena. En lugar de elaborar teorías y de apasionarse por las ideologías, este animal racional debería ofrecer hasta su camisa a quien lo necesitara —gesto de comprensión y de comunión.

La presencia de la miseria en este mundo compromete al hombre más que cualquier otra cosa, y nos hace comprender que este animal megalómano esté condenado a un final catastrófico. Ante la miseria, hasta la existencia de la música me avergüenza. *La injusticia constituye la esencia de la vida social.* ¿Cómo adherirse entonces a alguna doctrina?

La miseria lo destruye todo en la vida; la transforma en algo repugnante, odioso, espectral. Existe la palidez aristocrática y existe la palidez de la miseria: la primera procede del refinamiento, la segunda de una momificación. Porque la miseria nos convierte en fantasmas, crea sombras de vida y apariciones extrañas, formas crepusculares que parecen provenir de un incendio cósmico. Imposible encontrar la menor traza de una purificación en sus convulsiones; en ellas solo hay odio, asco y carne amargada. La miseria, al igual que la enfermedad, no engendra un alma inocente y angélica, ni una humildad inmaculada; su humildad es venenosa, pérfida y vindicativa, y el compromiso al que conduce esconde llagas y sufrimientos agudos.

Yo no deseo una rebelión relativa contra la injusticia. No admito más que la rebelión eterna, puesto que eterna es la miseria de la humanidad.

La deserción del Cristo

Detesto a los profetas y también a los fanáticos que nunca han dudado de su misión ni de su fe. Mido el valor de los profetas por su capacidad de duda, por la frecuencia de sus momentos de lucidez. A pesar de que solo la duda les hace realmente *humanos,* esta es más inquietante en ellos que en los demás hombres. El resto no es más que intransigencia, sermón, moral y pedagogía. Pretenden instruir a los demás, aportarles la salvación, revelarles el camino de la verdad y cambiar su destino, como si sus certezas fueran más válidas que las de sus discípulos. El criterio de la duda es el único que permite distinguir a los profetas de los maniacos. Sin embargo, los profetas, cuando dudan, ¿no lo hacen demasiado tarde? Quien se creía el hijo de Dios solo dudó en los últimos instantes: porque, en realidad, el Cristo solo dudó una vez, y no en la montaña sino en la cruz. Yo estoy convencido de que Jesús envidió entonces el destino del ser humano más anónimo, y que, de haber sido posible, se habría retirado al lugar más olvidado de la Tierra, en el que nadie hubiera podido exigirle esperanza o redención. Podemos suponer que, si se hubiera quedado solo con los soldados romanos, les habría pedido que le quitaran los clavos y le bajaran de la cruz para poder huir lo más lejos posible, a un lugar donde no percibiera el eco de los sufrimientos humanos. Y ello no porque el Cristo hubiese de repente dejado de creer en su misión —era demasiado un iluminado para poder ser escéptico—, sino porque es mucho más difícil morir *por los demás* que por uno mismo. Jesús soportó la crucifixión consciente de que solo el sacrificio de sí mismo haría triunfar su mensaje.

Así son los seres humanos: para que crean en nosotros, debemos renunciar a todo lo que poseemos y luego a nosotros mismos. Exigen nuestra muerte como garantía de la autenticidad de nuestra fe. ¿Por qué admiran las obras escritas con sangre? Porque ello les evita el sufrimiento, o les permite creerlo. Desean encontrar sangre y lágrimas detrás de nuestras palabras. En la admiración de la muchedumbre hay una gran parte de sadismo.

Si Jesús no hubiese muerto en la cruz, el cristianismo no habría triunfado jamás. Los mortales dudan de todo, salvo de la muerte. La del Cristo constituyó, pues, para ellos, la certeza suprema, la prueba capital de la validez de los principios cristianos. Jesús hubiera podido evitar perfectamente la crucifixión o sucumbir a las seductoras tentaciones del diablo. Quien no pacta con el diablo no tiene ninguna razón de vivir, dado que el diablo expresa simbólicamente la vida mejor que el propio Dios. Si yo lamento algo, es que el diablo me haya tentado tan poco. Pero tampoco Dios se ha preocupado particularmente de mí. Los cristianos continúan sin comprender que Dios está más lejos aún de los hombres de lo que ellos lo están de él. Yo imagino perfectamente a un Dios exasperado por la trivialidad de su Creación, hastiado tanto de la tierra como de los cielos. Y lo veo precipitarse hacia la nada como Jesús abandonando su cruz...

¿Qué hubiera, pues, sucedido si los soldados romanos hubiesen accedido a la súplica de Jesús, si lo hubieran descrucificado y le hubieran permitido escaparse? Seguramente habría huido al otro extremo del planeta, y no para predicar sino para morir solo, lejos de las lágrimas y de la compasión de los hombres. Incluso en el caso de que Jesús no haya implorado a los soldados que le dejaran irse, yo no puedo imaginar que esa idea no se le haya ocurrido. Ciertamente creía que era el hijo de Dios, pero ello no le impidió dudar y temer la muerte una vez confrontado al sacrificio. Durante la crucifixión debió de pasar por momentos en los que, si no dudó de ser el hijo de Dios, al menos se arrepintió de ello.

Es muy posible que el Cristo haya sido en realidad un personaje mucho menos complicado de lo que imaginamos, con menos dudas y menos arrepentimientos. Pues dudas sobre su ascendencia divina solo las tuvo a las puertas de la muerte. Nosotros, por nuestra parte, tenemos tantas dudas y nos arrepentimos tanto que ya nadie puede creerse hijo de Dios. Detesto en Jesús todo lo que es sermón, moral, promesa y certeza. Me gustan sus momentos de duda: los instantes realmente trágicos de su existencia, los cuales no me parecen sin embargo los más importantes ni los más dolorosos que puedan imaginarse. Porque, si el sufrimiento debiera servir de criterio, ¡cuántos seres humanos tendrían más derecho que él a considerarse hijos de Dios!

El culto a lo infinito

No puedo hablar de lo infinito sin sentir un doble vértigo, interior y exterior, como si, abandonando una existencia ordenada, me arrojase a un torbellino, moviéndome en la inmensidad a la velocidad del pensamiento. Ese trayecto se dirige hacia un punto eterno inaccesible. Cuanto más se aleja este hacia una lejanía inalcanzable, más intenso parece el vértigo. Sus meandros, tan ajenos a la ligereza de la gracia, dibujan contornos tan complicados como las llamas cósmicas. Todo es sacudida y trepidación; el mundo entero parece agitarse a un ritmo loco, como al aproximarse el apocalipsis. No existe sentimiento profundo de lo infinito sin esa sensación extraña, vertiginosa, de la inminencia del Final. Lo infinito produce, paradójicamente, la sensación de un final accesible, al mismo tiempo que la certeza de no poder acercarse a él. Pues lo infinito —tanto en el espacio como en el tiempo— no conduce a ningún sitio. ¿Cómo podríamos realizar algo en el futuro cuando tenemos detrás de nosotros una eternidad de irrealización? Si el mundo tuviese un sentido, hace tiempo que lo hubiésemos descubierto. ¿Cómo imaginar que podría manifestarse aún en adelante? Pero el mundo no tiene sentido; irracional en su esencia, es, además, infinito. El sentido, en efecto, solo es concebible en un mundo finito, en el que se pueda *llegar* a algo, en un mundo que no admita el retroceso, un mundo de puntos de referencia seguros y bien definidos, un mundo asimilable a una historia convergente, como lo desea la teoría del progreso. Lo infinito no conduce a ningún lugar, pues todo en él es provisional y caduco; nada resulta suficiente ante lo ilimitado. Nadie puede experimentar lo infinito sin sentir un desconcierto profundo, único. ¿Cómo no hallarse desconcertado, en efecto, cuando todas las direcciones son equivalentes?

Lo infinito invalida toda tentativa de resolver el problema del sentido. Esa imposibilidad me produce una voluptuosidad demoniaca, y la ausencia de sentido incluso me alegra. ¿Para qué serviría en definitiva si existiera? ¿No podemos realmente prescindir de él? La ausencia de sentido ¿no puede acaso llenarse con la ebriedad de lo irracional, con una orgía ininterrumpida? ¡Vivamos, puesto que el mundo carece de sentido! Mientras no tengamos ningún objetivo preciso, ningún ideal accesible, arrojémonos sin reservas en el terrible vértigo de lo infinito, sigamos sus meandros en el espacio, consumámonos en sus llamas, amémosle por su locura cósmica y su total anarquía, puesto que esta —anarquía orgánica e irremediable— forma parte de la experiencia de lo infinito. Es imposible imaginar la anarquía cósmica si no poseemos en nosotros mismos sus gérmenes. Vivir la infinitud, lo mismo que meditar sobre ella durante mucho tiempo, equivale a recibir la lección de rebelión más terrible que existe. Lo infinito nos desorganiza y nos atormenta, hace vacilar los cimientos de nuestro ser, pero también nos exhorta a desdeñar todo lo insignificante, todo lo contingente.

¡Qué alivio, tras haber perdido toda esperanza, poder precipitarnos en lo infinito, sumergirnos con todas nuestras fuerzas en lo ilimitado, participar en la anarquía universal y en las tensiones de ese vértigo! Recorrer, en una carrera extenuante, toda la demencia de un movimiento ininterrumpido, consumirse en el impulso más dramático, pensando menos en la muerte que en nuestra propia locura, realizar plenamente un sueño de barbarie universal y de exaltación ilimitada...

Y que, al final del vértigo, nuestra caída no sea en absoluto una extinción progresiva, sino que continuemos esa frenética agonía en el caos del *maelstrom* inicial. Ojalá el *pathos* de lo infinito nos abrase una vez más en la soledad de la muerte, para que nuestro tránsito hacia la nada se parezca a una iluminación, aumentando aún más el misterio y la ausencia de sentido de este mundo. En la asombrosa complejidad de lo infinito encontramos de nuevo, como elemento constitutivo, la negación categórica de la forma, de un plan determinado. Lo infinito, proceso absoluto, anula todo lo consistente, lo cristalizado, lo acabado. ¿Acaso el arte que mejor expresa lo infinito no es la música, que funde las formas en una fluidez de encanto inefable? La forma tiende constantemente a acabar el fragmento e, individualizando los contenidos, a eliminar la perspectiva de lo infinito y de lo universal; las formas no existen más que para sustraer los contenidos de la vida al caos y a la anarquía. Toda visión profunda revela hasta qué punto la consistencia de esos contenidos es ilusoria en comparación con el vértigo de lo ilimitado, puesto que, más allá de las cristalizaciones efímeras, la realidad aparece como una intensa pulsación. El gusto por las formas resulta de un abandonarse a lo acabado y a las seducciones inconsistentes de la limitación, que alejan para siempre de las revelaciones metafísicas. En efecto, al igual que la música, la metafísica surge de la experiencia de lo infinito. Ambas prosperan en las alturas y son detentadoras de vértigos. Yo nunca he podido comprender cómo los seres que han creado obras capitales en esos dos terrenos no se han vuelto locos. Más que el resto de las artes, la música exige una tensión tan grande que, tras tales momentos de creación, el compositor debería ser víctima del delirio. Si el mundo obedeciera a una coherencia inmanente y necesaria, los grandes creadores en la cima de su arte deberían suicidarse o perder el juicio. ¿Acaso todos los seres a los que fascina lo infinito no se hallan de camino hacia el delirio? La normalidad o la anormalidad nos importan un bledo. Vivamos en el éxtasis de lo ilimitado, amemos todo lo que no tiene límites, destruyamos las formas y creemos el único culto que carece de ellas: el de lo infinito.

Transfiguración de la trivialidad

Puesto que no muero inmediatamente y no puedo tampoco alcanzar la ingenuidad, me parece una locura el hecho de tener que continuar realizando los gestos ordinarios de cada día. Debemos, en cada instante, superar la trivialidad para poder tener acceso a la transfiguración, a la expresividad absoluta. ¡Qué tristeza ver a los seres humanos ignorarse a sí mismos, desdeñar sus destinos en lugar de reavivar constantemente la luz propia que poseen, o de embriagarse de profundidades tenebrosas! ¿Por qué no extraer del dolor todo lo que él puede ofrecer, o cultivar una sonrisa hasta la profundidad de la que procede? Todos tenemos manos, y sin embargo nadie piensa en sacar partido de ellas, en hacerlas lo más expresivas posible. Las admiramos mucho en pintura, nos gusta hablar de su significado, pero somos incapaces de convertir las nuestras en intérpretes de nuestros dramas interiores. Tener manos fantasmagóricas, transparentes, como reflejos inmateriales, manos nerviosas, tendidas hacia el crispamiento último... O, si no, manos pesadas, amenazadoras, terribles. Que la presencia y el aspecto de las manos expresen más que una palabra, un lamento, una sonrisa o una plegaria. La expresividad total, fruto de una transfiguración continua, convertirá nuestra presencia en un centro de luz si nuestro rostro y, de una manera general, todo lo que nos individualiza lo logran asimismo. A veces conocemos a seres cuya sola presencia produce en los demás agitación, cansancio o, por el contrario, iluminación. Su presencia es fecunda y decisiva: fluida, inaprehensible, parece como si nos apresara en una red inmaterial. Esos seres ignoran el vacío y la discontinuidad; solo conocen la comunión y la participación que produce esa transfiguración permanente, cuyas cimas son tanto vértigos como voluptuosidades.

Siento una extraña ansiedad, que se insinúa en todo mi cuerpo; ¿es el miedo al futuro de mi existencia problemática o el desasosiego en el que me sume mi propia inquietud? ¿Podré continuar viviendo con semejantes obsesiones? Lo que experimento ¿es la vida o algún sueño extravagante? Parece como si se realizara en mí el capricho grotesco de un demonio. ¿Es mi ansiedad una flor que crece en el jardín de una criatura apocalíptica? El diabolismo de este mundo parece haberse concentrado entero en mi inquietud, mezcla de nostalgias, visiones crepusculares, tristezas e irrealidades. Y lo que él me hace exhalar en el universo no es una fragancia primaveral, sino el humo y el polvo de un derrumbamiento total.

Gravedad de la tristeza

¿Existen otras tristezas que no sean las de la muerte? No, puesto que la verdadera tristeza es sombría y carece de encanto. La tristeza produce una fatiga incomparablemente más grande que la de la melancolía, una fatiga que desemboca en un asco hacia la vida, en una depresión irremediable. La tristeza es diferente del dolor, pues en ella predomina la reflexión, mientras que el dolor sufre la materialidad fatal de las sensaciones. La tristeza y el dolor pueden llevar hasta la muerte, nunca al amor o a la exaltación. Los valores del Eros permiten vivir sin mediaciones, en lo inmediato de la vida, la cual es sentida como una libertad a causa de la ingenuidad esencial de toda experiencia erótica. Hallarse triste y sufrir significa, por el contrario, ser incapaz de realizar actos orgánicamente asociados al flujo de la vida. La tristeza y el sufrimiento nos revelan la existencia, pues nos permiten ser conscientes de nuestro aislamiento, provocan en nosotros una angustia en la cual se instala el sentimiento trágico de la existencia.

La degradación mediante el trabajo

Los seres humanos en general trabajan demasiado para poder continuar siendo ellos mismos. El trabajo es una maldición que el ser humano ha transformado en voluptuosidad. Trabajar con todas nuestras fuerzas únicamente por amor al trabajo, regocijarnos de un esfuerzo que no conduce más que a resultados sin valor, estimar que solo podemos realizarnos mediante una labor incesante, es algo escandaloso e incomprensible. El trabajo permanente y constante embrutece, trivializa y nos convierte en seres impersonales. El centro de interés del individuo se desplaza desde su ámbito subjetivo hacia una insulsa objetividad; el ser humano se desinteresa entonces por su propio destino, por su evolución interior, para apegarse a cualquier cosa: el trabajo verdadero, que debería ser una actividad de transfiguración permanente, se ha convertido en un medio de exteriorización que hace abandonar al hombre la intimidad de su ser. Es significativo que la palabra *trabajo* haya acabado designando una actividad puramente exterior en la cual el ser no se realiza: solo *realiza*. Que todo el mundo deba ejercer una actividad y adoptar un modo de vida que, en la mayoría de los casos, no le conviene, es un hecho que ilustra la tendencia al embrutecimiento mediante el trabajo. El hombre ve en el conjunto de las formas del trabajo un beneficio considerable; pero el frenesí de la labor es signo en él de una propensión al mal. En el trabajo, el ser humano se olvida de sí mismo, lo cual, sin embargo, no produce en él una dulce ingenuidad, sino un estado próximo a la imbecilidad. El trabajo ha transformado al sujeto humano en objeto, y ha convertido al hombre en un animal que cometió el error de traicionar sus orígenes. En lugar de vivir para sí mismo —no en el sentido del egoísmo sino de una vida dedicada a la búsqueda de la plenitud—, el ser humano se ha convertido en un esclavo lamentable e impotente de la realidad exterior. ¿Dónde encontrar el éxtasis, la visión y la exaltación? ¿Dónde está la locura suprema, la voluptuosidad auténtica del mal? La voluptuosidad negativa que encontramos en el culto al trabajo es más un signo de miseria y de mediocridad, de mezquindad detestable, que de otra cosa. ¿Por qué los seres humanos no decidirían de repente abandonar su trabajo para comenzar uno nuevo totalmente diferente del que están ejerciendo inútilmente? ¿No basta con tener la conciencia subjetiva de la eternidad? Si la actividad frenética, el trabajo ininterrumpido y la trepidación han destruido algo, es sin duda el sentido de la eternidad, del cual el trabajo es la negación. Cuanto más aumentan la búsqueda de los bienes temporales y el trabajo cotidiano, más se vuelve la eternidad un bien lejano, inaccesible. De ahí que los espíritus demasiado emprendedores posean perspectivas tan limitadas, de ahí la mediocridad de su pensamiento y de sus actos. Y a pesar de que yo no opongo al trabajo ni la contemplación pasiva ni el ensueño vaporoso, sino una transfiguración desgraciadamente irrealizable, prefiero sin embargo una pereza que lo comprende todo a una actividad frenética e intolerante. Para despertar al mundo hay que exaltar la pereza. Porque el perezoso tiene infinitamente más sentido metafísico que el agitado.

Me siento atraído por todo lo lejano, por el gran vacío que yo proyecto sobre el mundo. Una sensación de oquedad se eleva en mí, atravesando mis miembros y órganos como un fluido impalpable y ligero. Sin saber por qué, siento en el progreso incesante de ese vacío, en esa vacuidad que se dilata infinitamente, la presencia misteriosa de los sentimientos más contradictorios que puedan afectar a un alma. Soy feliz e infeliz a la vez, padezco simultáneamente exaltaciones y depresiones, soy invadido por la desesperación y la voluptuosidad en el seno de la armonía más desconcertante. Estoy tan alegre y tan triste a la vez que en mis lágrimas aparecen al mismo tiempo reflejos del cielo y del infierno. Por la alegría de mi tristeza, me gustaría que esta Tierra no volviera a conocer la muerte.

El sentido de lo último

Solo sé hablar de las alegrías y de las tristezas últimas. Solo amo lo que se revela sin reserva, sin compromiso ni reticencia. Pero ¿puede ello hallarse fuera de las tensiones y de las convulsiones supremas, de la locura del final, de la ebriedad y la excitación de los últimos instantes? ¿Acaso todo no es postrero? ¿Qué es entonces la ansiedad de la nada sino la alegría perversa de las últimas tristezas, el amor exaltado por la eternidad del vacío y por lo provisional de la existencia? ¿Sería esta para nosotros un exilio, y la nada una patria?

Debo combatirme a mí mismo, sublevarme contra mi destino, eliminar todos los obstáculos que impiden mi transfiguración. Solo debe subsistir mi deseo extremo de tinieblas y de luz. Que todos mis pasos sean un triunfo o un hundimiento, una elevación o un fracaso. Que la vida crezca y muera en mí con una alternancia fulminante. Que nada del cálculo mezquino ni de la visión racional de las existencias ordinarias venga a comprometer las voluptuosidades y los suplicios de mi caos, las trágicas delicias de mis alegrías y desesperaciones últimas.

Sobrevivir a las tensiones orgánicas y a los estados de ánimo de los confines es un signo de imbecilidad y no de resistencia. ¿Qué sentido tendría un regreso a la trivialidad de la existencia? La supervivencia me parece algo absurdo no solamente tras la experiencia de la nada, sino también tras el paroxismo de la voluptuosidad. No comprenderé nunca por qué nadie se suicida en pleno orgasmo, por qué la supervivencia no parece anodina y vulgar. Ese estremecimiento tan intenso pero tan breve debería consumir nuestro ser en una fracción de segundo. Ahora bien, puesto que él no nos mata, ¿por qué no matarnos nosotros mismos? Existen tantas formas de morir... Nadie tiene, sin embargo, suficiente valor o suficiente originalidad para escoger semejante final, el cual, sin ser menos radical que los demás, posee la ventaja de que nos precipita en la nada en pleno gozo. ¿Por qué ignorar semejantes posibilidades? Bastaría un destello de lucidez terrible en la cumbre del inevitable desvanecimiento para que la muerte, en esos momentos, cesase de parecernos una ilusión.

Si un día los seres humanos dejan de poder soportar la monotonía y la vulgaridad de la existencia, toda experiencia extrema se convertirá entonces en un motivo de suicidio. La imposibilidad de sobrevivir a una exaltación excepcional aniquilará la existencia. Nadie se extrañará ya de que, en ese caso, podamos interrogarnos sobre la conveniencia de seguir viviendo tras haber escuchado ciertas sinfonías o contemplado un paisaje único.

La tragedia del ser humano, animal exiliado en la existencia, reside en el hecho de que los elementos y los valores de la vida no pueden satisfacerle. Para el animal, la vida lo es todo; para el hombre, la vida es un signo de interrogación. Signo de interrogación definitivo, pues el ser humano no ha recibido nunca ni recibirá jamás respuesta a sus preguntas. No solo la vida no tiene ningún sentido, sino que *no puede* tenerlo.

El principio satánico del sufrimiento

Si existen seres felices sobre esta Tierra, ¿por qué no gritan, por qué no salen a la calle a proclamar su alegría? ¿Por qué tanta discreción, tanta reserva? Si yo sintiera en mí una alegría permanente, una irresistible propensión a la serenidad, lo proclamaría a todo el mundo, daría rienda suelta a mi euforia.

Si la felicidad existe, debe ser comunicada. Pero quizá los individuos realmente felices no sean conscientes de su propia felicidad. Si ello es cierto, nosotros podríamos ofrecerles parte de nuestra conciencia a cambio de una parte de su inconsciencia. ¿Por qué el dolor no tiene más que lágrimas y gritos, y el placer solo escalofríos? Si el ser humano fuera tan consciente del placer como lo es del dolor, no tendría que expiar sus alegrías. ¿No sería entonces la repartición de los dolores y de los placeres incomparablemente más equitativa?

Si los dolores no se olvidan es porque invaden exageradamente la conciencia. Por eso quienes más han sufrido son quienes más cosas tienen que olvidar. Solo la gente normal no tiene nada que olvidar.

Los dolores tienen un valor y una individualidad; los placeres, por el contrario, se borran y se funden como formas de contornos mal definidos. Es, en efecto, sumamente difícil evocar un placer y sus circunstancias, mientras que el recuerdo de estas intensifica el del dolor. Los placeres, por supuesto, no se olvidan totalmente; de una vida llena de placeres, solo se conservará en la vejez un ligero desengaño, mientras que la persona que ha sufrido mucho podrá aspirar, como máximo, a una resignación amarga.

Es un prejuicio vergonzoso afirmar que los placeres son egoístas y que nos alejan de la vida, como también lo es afirmar que los dolores nos apegan al mundo. La frivolidad de estos prejuicios es escandalosa y su origen libresco revela la nulidad de todas las bibliotecas comparadas con una sola experiencia vivida hasta el final.

La concepción cristiana que transforma el sufrimiento en un camino hacia el amor, por no decir en la manera principal de tener acceso a él, es fundamentalmente errónea. Pero no es ese el único tema en el que el cristianismo se equivoca. Cuando se hace del sufrimiento el camino del amor, se ignora por completo su esencia satánica. Los peldaños del sufrimiento no se suben, se descienden; no conducen al cielo, sino al infierno.

El sufrimiento separa, disocia; siendo como es una fuerza centrífuga, el sufrimiento nos arranca del núcleo de la vida, del centro de atracción del mundo, en el que todas las cosas tienden a la unidad. El principio divino se caracteriza por un esfuerzo de síntesis y de participación en la esencia del Todo. Por el contrario, un principio satánico habita el sufrimiento —principio de dislocación y de trágica dualidad.

Las diversas formas de la alegría nos hacen participar ingenuamente en el ritmo de la vida; inconscientemente, en él se entra en contacto con el dinamismo de la existencia, mientras todos nuestros átomos se hallan unidos a las pulsaciones irracionales del Todo. Y ello es válido no solo para la alegría espiritual, sino para todas las formas del placer.

La separación respecto del mundo que produce el sufrimiento conduce a una interiorización excesiva y, paradójicamente, eleva el grado de conciencia, de manera que el mundo entero, con sus esplendores y sus tinieblas, se vuelve exterior y trascendente. En ese grado de separación, cuando nos encontramos irremediablemente solos frente al mundo, ¿cómo podríamos olvidar algo? Sentimos entonces la necesidad de olvidar únicamente las experiencias que nos han hecho sufrir. Sin embargo, a causa de una de las paradojas más despiadadas que existen, los recuerdos de quienes quisieran recordar se borran, mientras que se fijan las reminiscencias de aquellos que desearían olvidarlo todo.

Los seres humanos se dividen en dos categorías: aquellos a quienes el mundo ofrece ocasiones de interiorización y aquellos para quienes el mundo permanece exterior y objetivo. Para la interiorización, la existencia objetiva no es más que un *pretexto*. Solo así puede esta adquirir un significado, dado que una teleología objetiva solo se funda y se justifica gracias a ciertas ilusiones, las cuales tienen el defecto de que son desenmascaradas fácilmente por una mirada penetrante. Todo el mundo ve incendios, tempestades, derrumbamientos o paisajes; pero ¿cuántas personas ven en ellos llamas, relámpagos, vértigos o armonías? ¿Cuántas piensan en la gracia y en la muerte viendo un incendio? ¿Cuántas poseen en ellas mismas una belleza lejana que su melancolía matiza? Para los indiferentes, a quienes la naturaleza no ofrece más que una imagen insulsa y glacial, la vida es, y ello incluso si les colma de favores, una suma de ocasiones desaprovechadas.

Por muy profundos que hayan sido mis tormentos, por grande que haya sido mi soledad, la distancia que me ha separado del mundo no ha conseguido sino hacérmelo más accesible. A pesar de que no pueda encontrarle ni un sentido objetivo ni una finalidad trascendente, la multiplicidad de las formas de la existencia ha constituido, sin embargo, para mí una ocasión permanente tanto de tristeza como de fascinación. He vivido momentos en los que la belleza de una flor justificaba para mí la idea de una finalidad universal, de la misma manera que una mínima nube ha maravillado mi visión sombría de las cosas. Los fanáticos de la interiorización son capaces de extraer del aspecto más insignificante de la naturaleza una revelación simbólica.

¿Es posible que yo arrastre tras de mí todo lo que nunca he visto? Me siento horrorizado pensando que tantos paisajes, libros, horrores y visiones sublimes hayan podido concentrarse en un pobre cerebro. Tengo la sensación de que se han traspuesto en mí como *realidades* y que pesan sobre mí. Quizá sea esa la razón por la cual a veces me siento anonadado hasta el punto de querer olvidarlo todo. La interiorización conduce a la ruina, pues el mundo penetra en nosotros y nos tritura con una fuerza irresistible. Nada tiene de extraño entonces que algunos recurran a cualquier subterfugio —desde la vulgaridad hasta el arte— únicamente para olvidar.

No tengo ideas, sino obsesiones. Ideas, cualquiera puede tenerlas. Nunca las ideas han provocado el hundimiento de nadie.

El animal indirecto

Todos los seres humanos tienen el mismo defecto: esperan vivir en lugar de vivir realmente, pues no tienen el valor de afrontar cada segundo. ¿Por qué no desplegar en cada instante suficiente pasión y ardor para convertirlo en una eternidad? Solo aprendemos a vivir, todos, en el momento en que ya no esperamos nada; mientras se espera, no se puede aprender nada, pues no se habita un presente concreto y vivo, sino un futuro lejano e insípido. No deberíamos esperar nada, salvo las sugestiones inmediatas del instante, esperar *sin la conciencia del tiempo.* Fuera de lo inmediato, la salvación es imposible. Porque el ser humano es una criatura que ha perdido lo inmediato. De ahí que sea un animal indirecto.

La imposible verdad

¿Cuándo puede comenzar nuestra felicidad? Cuando tengamos la certeza de que la verdad no puede existir. Todas las modalidades de salvación son posibles a partir de entonces, incluso la salvación gracias a la nada. A quien no cree en la imposibilidad de la verdad, o que no se regocija de ella, solo le queda un camino de salvación, el cual, por lo demás, nunca encontrará.

Subjetivismo

El exceso de subjetivismo no puede conducir a quienes carecen de fe más que a la megalomanía o a la autodenigración. Cuando nos interesamos demasiado por nosotros mismos, acabamos forzosamente amándonos o detestándonos exageradamente. En ambos casos nos agotamos antes de tiempo. El subjetivismo nos convierte en Dios o en Satán.

Homo...

El ser humano debería dejar de ser —o de intentar ser— un animal racional. Más le valdría transformarse en un ser insensato que lo arriesgase todo en cada instante, un ser capaz de exaltaciones y de fantasías peligrosas, que podría morir tanto a causa de todo lo que ofrece la vida como de todo lo que no ofrece. El ideal de cada hombre debería ser dejar de ser hombre. Y eso solo puede lograrse mediante el triunfo de la *arbitrariedad absoluta.*

El amor en pocas palabras

El amor a la humanidad nacido del sufrimiento se parece a la sabiduría que proviene de la desgracia. En ambos casos, las raíces están podridas y el manantial contaminado. Solo un amor espontáneo por los seres humanos que proceda de una abnegación sincera y de un impulso irresistible puede fecundar el alma de los demás. El amor que proviene del sufrimiento contiene demasiadas lágrimas y gemidos para que sus destellos no sean bañados por una claridad amarga; demasiada renuncia, demasiados tormentos e inquietudes para significar otra cosa que un inmenso retroceso. Ese amor que lo perdona todo, lo admite todo, lo justifica todo, ¿es aún amor? ¿Cómo amar cuando nos hemos desapegado de todo? Esa clase de amor revela el vacío de un alma atrapada entre la nada y el todo, de la misma manera que para quien ha soportado derrotas amorosas el donjuanismo es el único recurso. En cuanto al cristianismo, es evidente que ignora el amor: solo conoce la indulgencia, la cual es más una alusión al amor que el amor mismo.

¡Qué más da!

Todo es posible y nada lo es; todo está permitido y nada lo está. Cualquiera que sea la dirección que tomemos, no será mejor que las demás. Realicemos algo o nada, creamos en algo o no, es todo uno, igual que es lo mismo gritar que callarse. Se puede encontrar una justificación a todo, como también ninguna. Todo es a la vez real e irreal, lógico y absurdo, glorioso y anodino. Nada vale más que otra cosa, como tampoco ninguna idea es superior a otra. ¿Por qué entristecernos a causa de nuestra tristeza y regocijarnos a causa de nuestro regocijo? ¿Qué más da que nuestras lágrimas sean lágrimas de placer o de dolor? ¡Amad vuestras desgracias y detestad vuestra felicidad, mezcladlo todo, confundidlo todo! Sed como un copo de nieve bamboleado por el viento o como una flor arrastrada por las olas. Resistid cuando no debáis hacerlo y sed cobardes cuando haya que resistir. ¿Quién sabe?, quizá ganéis con ello... Y, de todas formas, ¿qué importa si, por el contrario, perdéis? ¿Hay realmente algo que ganar o que perder en este mundo? Toda ganancia es una pérdida y toda pérdida una ganancia. ¿Por qué esperar siempre una actitud clara, ideas precisas y palabras sensatas? Siento que debería escupir fuego a guisa de respuesta a todas las preguntas que me han formulado y a las que no me han formulado.

Los orígenes del mal

¿Cómo luchar contra la desgracia? Luchando contra nosotros mismos: comprendiendo que el origen de la desgracia se encuentra en nuestro interior. Si pudiéramos darnos cuenta en cada instante de que todo depende de las imágenes que se reflejan en nuestra conciencia, de ampliaciones subjetivas y de la acuidad de nuestra sensibilidad, lograríamos alcanzar ese estado de lucidez en el que la realidad recobra sus verdaderas proporciones. No aspiramos con ello a la felicidad, sino simplemente a sufrir menos.

Es un signo de resistencia el hecho de permanecer desesperado, como lo es de debilidad dejarse invadir por la imbecilidad tras una desgracia prolongada. Para disminuir la intensidad de las desgracias se necesita haber recibido una verdadera educación y realizar un esfuerzo interior constante. Sin embargo, ambos están condenados al fracaso a partir del momento en que se intenta alcanzar la felicidad. Se haga lo que se haga, es imposible llegar a ser feliz si se ha tomado el camino que conduce a la desgracia. Se puede pasar de la dicha a la desdicha, pero ese camino es un camino sin retorno. Lo cual significa que la felicidad puede causar sorpresas más dolorosas que las de la desgracia. La dicha nos hace considerar perfecto el mundo tal como es; la desgracia, por el contrario, nos hace desear que sea ante todo diferente de como es. Y a pesar de que somos conscientes de que el origen de las desdichas se halla en nosotros, transformamos fatalmente un defecto subjetivo en deficiencia metafísica.

Nunca la desgracia será lo bastante generosa para reconocer sus propias tinieblas y las improbables luces del mundo. Considerando nuestra miseria subjetiva como un mal objetivo, creemos poder aliviar nuestra carga y eximirnos de los reproches que deberíamos hacernos. En realidad, esa objetivación acentúa nuestra desgracia y, presentándola como una fatalidad cósmica, nos impide disminuirla o hacerla más soportable.

La disciplina de la desgracia reduce las inquietudes y las sorpresas dolorosas, atenúa el suplicio y controla el sufrimiento. Se trata de un disfraz del drama interior, de una discreción de la agonía.

Prestidigitación de la belleza

La sensibilidad a la belleza es tanto más viva cuanto más cerca se halla uno de la felicidad. Todas las cosas encuentran en lo bello su propia razón de ser, su equilibrio interno y su justificación. Un objeto bello solo es concebible tal como es. Un cuadro o un paisaje nos fascinarán hasta el punto de que no podremos, cuando los contemplamos, imaginarlos diferentes de como son. Considerar el mundo como algo bello equivale a afirmar que es tal como debería ser. Con semejante manera de verlo todo, el orbe entero no es más que esplendor y armonía, y los aspectos negativos de la existencia no hacen sino acentuar su encanto y su resplandor. La belleza no salvará el mundo, pero puede acercarnos a la felicidad. En un mundo de antinomias, ¿podrá la belleza ser salvada? Lo bello —y ese es su encanto y su naturaleza particular— solo resulta una *paradoja* desde un punto de vista objetivo. El fenómeno estético expresa el prodigio de representar *lo absoluto mediante la forma,* de objetivar lo infinito con representaciones finitas. Lo absoluto-en-la-forma —encarnado en una expresión finita— solo puede manifestarse a quien es invadido por la emoción estética; pero fuera de la perspectiva de lo bello se convierte en una *contradictio in adjecto.* Todo ideal de belleza implica, pues, una cantidad de ilusión imposible de evaluar. Más grave aún: el postulado fundamental de ese ideal, según el cual este mundo es como debería ser, no resiste al análisis más elemental. El mundo debería haber sido cualquier otra cosa, excepto lo que es.

Inconsistencia del ser humano

¿Por qué los seres humanos se empeñan en realizar algo a toda costa? ¿No estarían mucho mejor inmóviles en este mundo, gozando de una calma total? Pero ¿qué es lo que hay que realizar? ¿Por qué tantos esfuerzos y tanta ambición? El ser humano ha perdido el sentido del silencio. A pesar de que la *conciencia* es el fruto de una deficiencia vital, no interviene en todos los individuos como un factor de inadaptación; en algunos seres engendra por el contrario una exacerbación de las tendencias vitales. No pudiendo ya vivir en el presente, el hombre acumula un excedente de energía que le pesa y le esclaviza; el sentimiento del futuro ha sido para él una calamidad. El proceso según el cual la conciencia ha dividido a los seres humanos en dos grandes categorías es un proceso extraño que explica por qué el hombre es un ser tan poco consistente, incapaz de encontrar su centro de energía y de equilibrio. Aquellos a los que su conciencia ha conducido hacia la interiorización, el suplicio y la tragedia, del mismo modo que quienes han sido precipitados por ella en un imperialismo ilimitado del deseo de adquirir y de poseer, son, cada uno a su manera, seres desgraciados y desequilibrados. *La conciencia ha convertido al animal en hombre y al hombre en demo-*

nio, pero todavía no ha transformado a nadie en Dios, y ello a pesar de que nos vanagloriamos de haber enviado uno a la cruz.

Huid de los individuos impermeables al vicio, pues su presencia insípida puede solo aburrir. ¿De qué podrían hablarnos, sino de la moral? Ahora bien, quien no ha superado la moral no ha sabido profundizar sus experiencias, ni transfigurar sus hundimientos. La existencia verdadera comienza donde acaba la moral, pues únicamente a partir de ahí puede intentarlo todo, y arriesgarlo todo, incluso si hay obstáculos que se oponen a las realizaciones reales. Se necesitan infinitas transfiguraciones para alcanzar la región en la que todo está permitido, en la que el alma puede sin remordimientos ser vulgar, sublime o grotesca, y ello hasta una complejidad tal que ninguna dirección ni ninguna forma de vida escapen a su alcance. La tiranía que reina sobre las existencias ordinarias es sustituida en ese caso por la espontaneidad absoluta de una existencia única que posee en sí misma su propia ley. ¿Cómo podría ser válida la moral para un ser hecho de esa manera, el ser más generoso que pueda existir, puesto que es absurdo hasta el punto de renunciar al mundo, ofreciendo así todo lo que posee en sí mismo? La generosidad es incompatible con la moral, esa racionalidad de los hábitos de la conciencia, esa mecanización de la vida. Todo acto generoso es insensato, es la prueba de una renuncia inimaginable en el individuo ordinario, el cual se escuda en la moral para disimular su vulgar nulidad. Todo lo que es realmente moral comienza cuando la moral ha sido eliminada. La mezquindad de las normas racionales no es en ningún lugar más evidente que en la condena del vicio, esa expresión de la tragedia carnal causada por la presencia del espíritu en la carne. Pues el vicio implica siempre una huida de la carne fuera de su fatalidad, una tentativa de romper las barreras que contienen los impulsos pasionales. Un tedio orgánico conduce entonces los nervios y la carne a una desesperación de la que solo pueden escapar ensayando todas las formas de la voluptuosidad. En el vicio, la atracción por las formas diferentes de las normales produce una inquietud turbadora: el espíritu parece entonces transformarse en sangre, para moverse como una fuerza inmanente a la carne. La exploración de lo posible no puede realizarse, en efecto, sin la ayuda del espíritu ni la intervención de la conciencia. El vicio es una forma de triunfo de lo individual; y ¿cómo la carne podría representar lo individual sin un apoyo exterior? Esta mezcla de carne y de espíritu, de conciencia y de sangre, crea una efervescencia extraordinariamente fecunda para el individuo víctima de los encantos del vicio. Nada repugna más que el vicio aprendido, forzoso y fingido; de ahí que el elogio del vicio sea totalmente injustificado: como máximo podemos constatar su fecundidad para aquellos que saben transfigurarlo, hacer desviarse a esa desviación. Cuando se lo practica de manera brutal y vulgar, no se explota más que su escandalosa materialidad, desdeñando el estremecimiento inmaterial en el que reside su calidad. Para alcanzar ciertas alturas, la vida íntima no puede prescindir de las inquietudes del vicio. Y ningún vicioso debe ser condenado cuando, en lugar de considerar el vicio como un pretexto, lo transforma en finalidad.

Capitulación

¿El proceso que nos convierte en seres desengañados? Un gran número de depresiones, en el individuo dotado de una fuerte vitalidad, bastan para permanecer vivo en cada instante. Una fatalidad orgánica provoca depresiones permanentes que no tienen causas exteriores pero que emergen de un profundo trastorno interno: depresiones que asfixian el vigor y atacan las raíces de la vida. Es un error total pretender que se vuelve uno desengañado a causa de alguna deficiencia orgánica o de instintos debilitados. En realidad, nadie pierde sus ilusiones si no ha deseado con ardor la vida, aunque solo haya sido inconscientemente. El proceso de desvitalización se produce más tarde, tras una serie de depresiones. Únicamente en los individuos llenos de ímpetus, aspiraciones y pasiones las depresiones alcanzan esa capacidad de erosión que desgasta a la vida como las olas el litoral. En el deficiente simple, no producen ninguna tensión, ningún paroxismo ni exceso; desembocan en un estado de apatía, de extinción lenta. El pesimista representa una paradoja orgánica cuyas contradicciones insuperables engendran una profunda efervescencia. ¿No hay, en efecto, una paradoja en esa mezcla de depresiones repetidas y de energía persistente? Es evidente que las depresiones acaban consumiendo la energía y comprometiendo la vitalidad. Resulta imposible combatirlas definitivamente: lo máximo que puede hacerse es ignorarlas temporalmente dedicándose a una ocupación constante o a distracciones diversas. Solo una vitalidad inquieta es susceptible de favorecer la paradoja orgánica de la negación. Se vuelve uno pesimista —un pesimista demoniaco, elemental, bestial— únicamente cuando la vida ha perdido la batalla desesperada que libra contra las depresiones. El destino representa entonces para la conciencia una versión de lo irreparable.

Frente al silencio

Llegar a no apreciar más que el silencio equivale a realizar la expresión esencial del hecho de vivir al margen de la vida. En los grandes solitarios y los fundadores de religiones, el elogio del silencio posee raíces mucho más profundas de lo que suele imaginarse. Para ello es necesario que la presencia de los seres humanos nos haya exasperado, que la complejidad de los problemas nos haya hastiado hasta el punto de que ya no nos interesemos más que por el silencio y sus gritos.

La fatiga conduce a un amor ilimitado al silencio, pues ella priva a las palabras de su significado para convertirlas en sonoridades vacías; los conceptos se diluyen, la fuerza de las expresiones se atenúa, toda palabra dicha u oída se desintegra, estéril. Todo lo que va hacia el exterior, o procede de él, no es más que un murmullo monótono y lejano, incapaz de despertar el interés o la curiosidad. Nos parece entonces inútil opinar, adoptar una posición o impresionar a alguien; el ruido al que hemos renunciado se suma al tormento de nuestra alma. En el momento de la solución suprema, tras haber desplegado una energía loca para intentar resolver todos los problemas y afrontado el vértigo de las cimas, hallamos en el silencio la única realidad, la única forma de expresión.

El arte del desdoblamiento

El arte de la psicología no se aprende, sino que se vive y se experimenta, puesto que es imposible encontrar una teoría que nos dé la clave de los misterios psíquicos. Nadie puede ser un buen psicólogo si no es él mismo un objeto de estudio, si su propia sustancia psíquica no resulta un constante espectáculo inédito y complejo capaz de suscitar la curiosidad. Imposible comprender el misterio de los demás si uno mismo carece de él. Para ser psicólogo hay que conocer suficientemente la desgracia a fin de poder comprender la felicidad, y poseer el suficiente refinamiento para poder convertirse en un bárbaro; para ejercer la psicología se necesita una desesperación lo suficientemente profunda para no distinguir ya si se vive en el desierto o en las llamas. Proteiforme, tan centrípeto como centrífugo, nuestro éxtasis deberá ser estético, sexual, religioso y perverso.

El sentido psicológico es la expresión de una vida que se contempla a sí misma en cada instante y que ve las vidas ajenas como si fueran espejos; el psicólogo considera a los demás seres humanos como fragmentos de su propio ser. El desprecio que todo psicólogo siente por los demás implica una autoironía tan secreta como ilimitada. Nadie ejerce la psicología por amor, sino por una especie de deseo sádico de mostrar la nulidad del prójimo mediante el conocimiento de su fondo íntimo y la expoliación de su aureola de misterio. Como ese proceso agota rápidamente los contenidos limitados de los individuos, el psicólogo se cansará rápidamente de los seres humanos: carece en exceso de ingenuidad para tener amigos, y de inconsciencia para tener amantes. Ningún psicólogo comienza siendo escéptico, pero todos acaban siéndolo. Ese final constituye el castigo que la naturaleza inflige al profanador de misterios, al supremo indiscreto que, habiendo apenas creído en el conocimiento, haya conocido la desilusión.

El conocimiento en pequeñas dosis cautiva; a grandes dosis, decepciona. Cuanto más se sabe, menos se desea saber. Pues quien no ha sufrido a causa del conocimiento no habrá conocido nada.

El sinsentido del devenir

En la tranquilidad de la contemplación, cuando soportamos el peso de la eternidad, cuando oímos el tictac de un reloj o el latido de los segundos, ¿cómo no sentir la inanidad del progreso en el tiempo y el sinsentido del devenir? ¿Para qué ir más lejos?, ¿para qué continuar? La revelación súbita del tiempo, que le confiere una preeminencia abrumadora que no posee generalmente, es el fruto de un asco hacia la vida y de la incapacidad de proseguir la misma farsa. Cuando esta revelación se produce por la noche, la absurdidad de las horas que pasan va acompañada de una sensación de soledad aniquiladora, pues —alejados del mundo y de los seres humanos— nos encontramos solos frente al tiempo, en una irreductible relación de dualidad. En pleno abandono nocturno, el tiempo no se halla ya, en efecto, poblado de actos y de objetos: evoca por el contrario una nada que crece, un vacío en plena dilatación, semejante a una amenaza del más allá. En el silencio de la contemplación se oye entonces un sonido lúgubre e insistente, como un gong en un universo difunto. Ese drama solo lo experimenta quien ha disociado existencia y tiempo: huyendo de la primera se halla abrumado por el segundo. Y siente el avance del tiempo dentro de sí mismo como el avance de la muerte.

